Handbook

Compliance

コンプライアンス
実務ハンドブック

弁護士

長瀬　佑志
斉藤　雄祐

日本能率協会マネジメントセンター

はしがき

　企業の４大経営資源は、「人」「物」「金」「情報」と言われます。企業の４大経営資源に関わって企業活動が行われることに伴い、法律問題も生じることになります。

　もっとも、企業活動が多様化・複雑化し、グローバル化の進展とともに、私たちの日常生活全般に行き渡る中、企業活動に伴う法律問題の多様化・複雑化に適切に対応するためには、企業活動上のコンプライアンスリスクを管理することが求められます。

　このような状況において、企業法務を担う法務部員の方々や弁護士には、企業活動上のコンプライアンスリスクを適切に管理することが期待されています。

　一方、法務部員や弁護士が企業法務として対応すべき範囲も多様化・複雑化の一途を辿っています。また、法改正や企業倫理、個人の価値観の変化等によって、コンプライアンスリスクの程度や対応上の留意点も変わってきています。これらを見据えた上で、法務部員や弁護士は適切に企業法務に対応していくことが求められます。

　また、企業法務は、①コンプライアンスリスクが生じた場合のリスクを最小化するという臨床法務の役割だけでなく、②コンプライアンスリスクを予防するという予防法務の役割に加え、③企業活動を推進するための有効なスキームを構築するという戦略法務の役割も求められます。

　企業法務は、３つの役割を意識しながら、日々変化するコンプライアンスリスクを想定し、適切に対応することが求められるために、非常に複雑かつ難解な分野ということができます。

　企業法務を担う法務部員や弁護士にとって、そもそも企業活動のどのような場面において、どのようなコンプライアンスリスクが想定されるのか、予防するためにはどのような対策を講じればよいのか、仮にリスクが生じた場合には初動対応として何をすればよいのかを整理すること自体、決して容易なことではありません。

そこで、本書は、企業法務におけるコンプライアンスリスクが生じやすい「人」「物」「金」「情報」に関わる場面を中心に、リスク管理上の注意点を整理しました。

　本書の目的は、これから企業法務を担っていく法務部員や若手の弁護士の方々が、企業法務を担当する際にまず押さえるべき考え方や全体像、そして初動対応の留意点をお伝えすることに主眼があります。

　本書が、企業法務を担う法務部員や若手の弁護士の方々にとって、初めてのコンプライアンスリスクに取り組む際に、多少なりともお役に立つことができるのであれば望外の喜びです。

　本書執筆にあたり、株式会社日本能率協会マネジメントセンターの岡田茂様には様々なご配慮を賜りました。
　また、弊所の所員の皆様や家族には、本書執筆にあたって様々なサポートをいただきました。
　皆様のご協力をいただかなければ本書の発刊に至ることができなかったことを、この場を借りて厚く御礼申し上げます。

　令和2年5月

弁護士　長瀬佑志
弁護士　斉藤雄祐

Contents

第1章 会社を守るコンプライアンス体制を構築する

第2章 契約のリスクマネジメント

第3章 適時・適切な債権管理で経営の生命線を守る

第4章　会社法を理解し、適切な会社運営を行うには

▶ 会社法上の機関設計を理解する

▶ 株式会社の運営を理解する

第5章 適切な労務管理で、人材が最大限の力を発揮できる環境を整える

会社を守るコンプライアンス体制を構築する

① 企業法務の目的と役割を理解する

　企業の活動領域が私たちの生活全般に行き渡り、また、急速なグローバル化が進む現代社会において、企業活動は私たちの日々の生活に大きな影響を与えています。

　「企業法務」とは、企業活動に関する法律事務を指します。

　企業活動の拡大に伴い、企業活動に伴う法律問題もまた日々拡大しており、その法律相談のニーズは実に多種多様です。顧客・業者等の外部取引先との日本語・英語での契約交渉および締結、国内外のグループ会社管理等、新商品・新スキームの検討およびそれに伴う新たな法的リスクの有無のチェック、顧客・取引先等とのトラブル・クレーム・訴訟等への対応等々…具体的な法律相談のニーズを挙げれば際限がありません。

　このような多種多様な法律相談のニーズに応えることが、弁護士の役割であり使命であるといえます。そして、弁護士が企業法務において果たすべき役割とは、究極的には、これら日々の企業活動に伴い不可避的に発生する法的リスクのコントロール（以下「コンプライアンスリスクマネジメント」）こそにある、といえます。

　コンプライアンスリスクマネジメントを行うために企業法務が担う役割は、大きく「戦略法務」「予防法務」「臨床法務」の3つに分類することができます。これらはそれぞれ独立した場面で問題になるものの、相互に関連し、影響し合う関係にあります。

▶臨床法務：発病後の医師への相談・手術

　「臨床法務」とは、法的リスクが現実化した際に、損失や悪影響を抑えるための法的対応をいいます。

　病気になった後での医師への相談や手術のようなものであり、たとえば、取引先との契約書の履行・解釈をめぐってトラブルが生じた場合における対応への相談や、競合他社との訴訟や取引先倒産時における相談等が挙げられます。

▶予防法務：医師への健康相談・早期検診

「予防法務」とは、具体的なトラブルや損失が発生する前に法的リスクに対して必要な手当を講じることをいいます。

医師への健康相談や早期検診のようなものであり、法務担当者による契約書審査も予防法務の一つといえますし、法務担当者に限らず、社員の法務知識の向上・リーガルマインドの向上も重要な予防法務の一つです。

▶戦略法務：スポーツ医学

「戦略法務」とは、法務知識を意図的に営業推進等に活用していく積極的な法務対応をいいます。具体的には、法令を遵守しつつ、その範囲で最大限自社に有利な新商品・新スキームを開発したり、既存の商品にはない、顧客にとってもメリットのある提案活動を行うことをいいます。いうなれば、スポーツ医学のようなものであり、戦略法務の観点からは、契約書の交渉・締結においても、自社に有利な条項を積極的に盛り込むことが求められます。

いずれにおいても、対応を誤ってしまった場合、企業の存続にも影響しかねないほどの重大なリスクに発展しかねません。コンプライアンスリスクマネジメントを適切に行うためには、これらの役割を十分に理解した上で、3つの役割を担うことができる自社内外の法務組織をしっかりと育成していくことが必要です。

2 コンプライアンスとは？①
企業は「法律さえ守ればよい」のではない

以前、大手教育関連企業による大量の個人情報を流出したり、日本を代表する企業の不適切会計処理がマスメディアを賑わせたことがありました。これらは多くの方にとってもご記憶に新しいのではないでしょうか。

このような不祥事はコンプライアンス違反が問題となる事例といえま

すが、そもそも、「コンプライアンス」とは何を指すのでしょうか。

　「コンプライアンス」とは、「法令遵守」と和訳されることがあり、ここから「企業には法令（法律）を守ることが求められる」と解釈されることがあります。もちろん、これも誤りではありませんが、現在は、コンプライアンスの定義は「**法令等遵守**」とされ、より広義の意味、つまり、単なる法令遵守にとどまらず、法令を超えた社会規範や社会道徳、ステークホルダーの利益や要請に適うことまでも求められる概念と解釈されています。

　企業が起こした不祥事は、法令違反にとどまらず、社会規範や社会道徳に反していたり、企業の利害関係者の要請に適っていないと捉えられたりすると、深刻なコンプライアンスリスクとして顕在化することになります。

　そのため、コンプライアンスリスクを「単なる法令遵守の問題」と捉えていると、不祥事が発生した際の対応や、不祥事の発生を防止するための対策の講じ方を誤るおそれがあります。

図表 1-1　コンプライアンスリスクと法務リスクの関係

法務リスクとコンプライアンスリスクは重なり合うが「法務リスク＝コンプライアンスリスク」ではない

法務リスクだけを考慮することでは足りない

　言い換えれば、コンプライアンスリスクと法務リスクは重なり合うものではありますが、「コンプライアンスリスク＝法務リスク」ではないのです。ですから、コンプライアンスを検討する際には、法務リスクだけを検討すれば足りるわけではないことに留意しなければなりません。

コンプライアンスとは？②
3 コンプライアンスの範囲を知る

　「コンプライアンス」が「法令等遵守」を指す概念であり、法令のみの遵守には限られないということは **2** でお話ししたとおりです。
　では、「コンプライアンスに抵触するかどうか」を検討する場合に、根拠とすべき規範にはどのようなものがあるのでしょうか。具体的には、以下の3つに整理されます。

　▶**法規範**
　法律や条例など、法令・例規としての拘束力のある規則
　例）民法・会社法・刑法・労働基準法　…
　▶**社内規範**
　社内で決められたルールや業務マニュアルなどの規則
　例）就業規則・社内規程　…
　▶**倫理規範**
　職務上守るべき企業倫理・道徳規範
　例）倫理綱領・コンプライアンスマニュアル　…

　これらは、図表1-2に示したように、法規範→社内規範→倫理規範の順に規制の範囲は抽象的かつ広範となります。
　コンプライアンスリスクを検討する際には、法令さえ遵守していれば足りるものではないということがイメージできるのではないでしょうか。

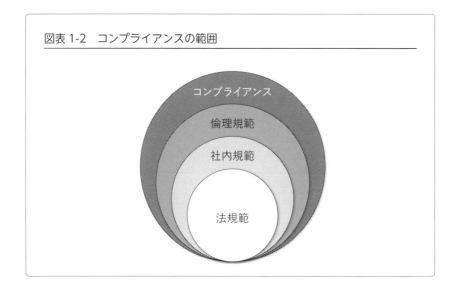

図表 1-2　コンプライアンスの範囲

コンプライアンス
倫理規範
社内規範
法規範

4 なぜ、コンプライアンスが求められるようになったのか

　昨今、企業がコンプライアンス違反を指摘されるというケースは珍しくなくなってきました。このようにコンプライアンスが注目され、企業にその維持が強く求められるようになった背景には、どのようなものがあるのでしょうか。

　まずは「CSR（企業の社会的責任）の重視」が挙げられます。企業は、利益を追求することが求められる組織的集団ですが、その企業の社会的影響力が増大するにつれ、企業に「社会的な責任」を果たすことが求められるようになります。

　たとえば、メーカー等が商品の製造過程において、違法な労働実態を放置していたり、海外において児童労働を行ったりしている場合には、企業の人権軽視の姿勢が咎められることも起こりえます。

　このように、企業の社会的責任を求める意識の高まりの中で、企業に対するコンプライアンスの要求も高まってきているといえます。

　一方で、やはり企業は事業活動を通じて業績を拡大するとともに、利益を追求することが求められます。近時では、「会社は株主のものである」という主張も強くなり、ともすれば短期的利益を優先することが求められることもあります。<u>無理な業績拡大や短期的利益の追求</u>の要求に応えるために、十分な検証もされないままに事業活動が展開されてしまうと、コンプライアンスリスクを冒してしまう事態につながりかねません。

　また、コンプライアンスリスクは、企業独自の風土のもとで起きてしまうことが珍しくありません。社会的・道徳的にみれば「問題がある行為なのでは」と思ってはいても、「企業にとって利益が上がるのであればよいのではないか」さらには「当該部署にとってメリットがあるならばよいのではないか」といった<u>閉鎖的な意識</u>によって問題のある事業活動が展開されてしまい、コンプライアンスリスクを冒してしまうということは実際に起こりうるのです。

　さらに、社会の高度化・複雑化に伴い、法律解釈も変遷を重ねています。たとえば、個人情報保護法なども近時さらなる改正が予定されており、個人情報を管理しなければならない対象企業の範囲も大幅に拡大しています。<u>法律解釈の変遷や法改正</u>を意識していないと、知らず知らずのうちにコンプライアンスリスクを冒してしまうおそれがあります。たとえば、10年前までは自社の業界内では当たり前のように行われていた慣行が、同業他社の不祥事をきっかけに突然規制対象となってしまい、違法行為として扱われることもありえるのです。

　コンプライアンス違反として規制対象へと変わってしまったにもかかわらず、従前どおりの経営を継続していては、処罰対象となってしまいます。

　そのような事態を回避するためにも、自社内外の法務組織では、<u>継続的に業界に対するコンプライアンスリスクがどのようになっているのか</u>を確認し、<u>対策を講じ続ける</u>必要があります。

5 コンプライアンスリスクを分類し、対策を見極める

3で触れたように、企業に求められるコンプライアンスの根拠とされる規範には、法規範・社内規範・倫理規範があります。したがって、コンプライアンスリスクは、①法規範違反、②社内規範違反、③倫理規範違反の3つに分類することができます。

この分類が理解できると、コンプライアンスリスクが生じた場合や、コンプライアンスリスクを予防するための対策を整理することも可能となります。

たとえば、自社内で起きた不祥事が、「自社の通勤規程では、通勤ルートが変更となった場合には事前に届出が必要であったにもかかわらず、通勤手当が変わるわけではないと考えて通勤ルートの変更の申請を怠っていた」というような、法規範違反（①）ではなくとも社内規範違反（②）となる場合を考えてみましょう。

法規範違反（①）でなければ処分は不要かといえば、必ずしもそうではありません。このようなケースでは、自社の社内規範（通勤規程）の違反には該当するため、社内の規律を維持するためには、社内規範違反を理由とした何らかの処分を検討することになります。

同様に、自社の接客担当が、顧客からのクレーム対応に際し、かえって顧客をクレーマー扱いしてしまうなどの誤った対応をとってしまった場合、法規範違反（①）や社内規範違反（②）には該当しないとしても、企業として求められる企業倫理に違反しているとして、倫理規範違反（③）を指摘される場合もあります。このようなケースで自社の対策を検討する際には、企業倫理としてとるべき対応は何か、という観点をもつことが求められます。

「コンプライアンスリスク」と一言で表現しても、その内容はさまざまな要素に分類されます。自社で問題とされているコンプライアンスリ

スクが法規範違反（①）、社内規範違反（②）、倫理規範違反（③）のいずれに分類されるのかを整理した上で、とるべき対策を見極めていく必要があります。

6 コンプライアンスリスクマネジメントへの道②
リスクの責任の所在と種類を整理する

コンプライアンスリスクに伴う責任の所在は、法人と個人とに大別することができます。

コンプライアンスリスクが生じた場合、法人に問われる責任は、大きく次の4つに分類することができます。

▶民事責任

典型的なものとしては、金銭的な賠償（損害賠償責任や債務不履行責任）のほか、名誉毀損行為に対する謝罪広告の掲載など、信用回復措置をとることなどが挙げられます。

取引額が高額なケースや被害が甚大なケースでは、賠償すべき額も高額となるため、1つの不祥事で企業の存続自体が左右されるおそれがあります。

▶刑事責任

企業であっても、他社の営業秘密を不正に入手した場合には不正競争防止法違反が問題となります。また、従業員に対する労務管理に問題があり、従業員に対する賃金の未払いや過労死事件が発生した場合には、悪質な労基法違反事例として刑事責任を問われる場合もあります。

▶行政責任

企業活動は、業種ごとにさまざまな行政規制の対象となっています。企業活動が行政規制に抵触した場合には、是正勧告や、悪質な違反事例の場合には業務停止処分などを受ける場合があります。

▶社会的責任

4で述べたとおり、企業がCSRを問われるいま、悪質な違反行為を行った企業は規制当局から企業名の公表措置を受けるほか、一般の人々によってSNSなどで企業名や違反事例の概要をインターネット上に拡散される（いわゆる「ブラック企業」と揶揄される）可能性があります。

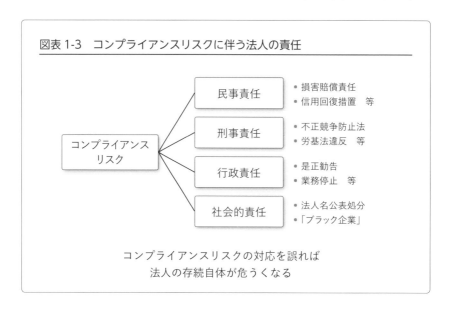

図表 1-3　コンプライアンスリスクに伴う法人の責任

コンプライアンスリスク

- 民事責任
  - ・損害賠償責任
  - ・信用回復措置　等
- 刑事責任
  - ・不正競争防止法
  - ・労基法違反　等
- 行政責任
  - ・是正勧告
  - ・業務停止　等
- 社会的責任
  - ・法人名公表処分
  - ・「ブラック企業」

コンプライアンスリスクの対応を誤れば
法人の存続自体が危うくなる

個人であっても、不祥事に関与した場合にはコンプライアンスリスクに晒されます。コンプライアンスリスクが生じた場合、個人に問われる責任は、大きく次の4つに分類されます。

▶民事責任

民事責任は、個人であっても企業の場合と同様に発生します。業務上横領など、業務上での不祥事の場合には、企業に対しても損害賠償責任を負うことがあります。

▶刑事責任

個人が私生活において窃盗や傷害、盗撮などを働いた場合には、当然に刑事責任を問われることになりますが、業務上で行き過ぎたパワーハ

ラスメントやセクシャルハラスメントをした場合、傷害罪や強制わいせつ罪などに問われることもあります。

▶ 労務責任

個人は勤務先企業との間で雇用契約を締結しており、企業の設定する労務管理（就業規則や社内規程等）に服することが求められます。個人がこうした就業規則や社内規程等に違反した場合には、懲戒処分や人事評価での消極的評価の対象となります。

▶ 社会的責任

悪質なコンプライアンスリスクを犯した場合には、企業と同様に個人も氏名等を公表され、社会的信用や地位を失うおそれがあります。また、個人の氏名等が公表されることにより、インターネット上で情報が拡散される可能性もあります。

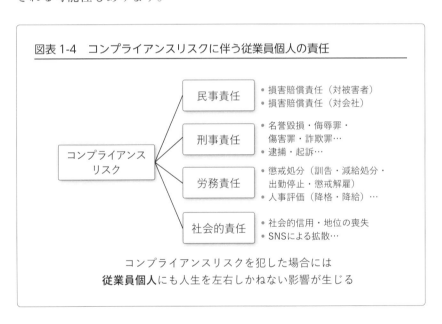

図表 1-4　コンプライアンスリスクに伴う従業員個人の責任

このように、コンプライアンスリスクに伴う法人や個人の責任はさまざまであり、中でも特に回避すべき責任は、法人や個人の社会的地位や不祥事の内容、各責任の重大性等によって異なります。

たとえば、非常に知名度の高い企業であれば、民事責任（損害賠償請

求）を追及されたとしても、それほど高額でなければ、企業の存続への影響は少ないかもしれません。とはいえ、損害賠償額は少額であったとしても、企業の社会的信用が毀損されればブランド価値を大きく損ね、長期にわたる業績等の悪化につながる可能性があります。こうしたことから、最優先で回避すべきは社会的責任となる場合もあるでしょう。

　回避すべき責任が異なれば、回避するための対策も異なります。自社に特に重大な影響を及ぼす責任の種類をしっかりと見極め、適切な対策をとることが重要です。

7 コンプライアンスリスクマネジメントへの道③ 法的リスクを分類し、対策の優先順位をつける

　法務部がコントロールすべきコンプライアンスリスクのうち、法令違反に基づくリスクとして、「法的リスク」があります。

　典型的な法的リスクとしては、①自社の取引や契約が法令に違反するリスク（以下「法令リスク」）や、単に契約等が無効になるといった私法上の効力が否定されるにとどまらず、②規制当局から課徴金納付命令や業務停止命令等の自社に重大な不利益をもたらす行政処分等を受けるおそれ（以下「当局リスク」）、③不用意な交渉に伴う契約締結上の過失に基づく責任や、交渉過程における秘密漏洩のおそれ、最終契約締結にまで至らないおそれなど、契約交渉過程で生じるリスク（以下「契約リスク」）、④当該取引先から訴えられるリスク（以下「訴訟リスク」）があります。また、訴訟リスクのうち、裁判所が自社の解釈と異なる判断を下すことにより、⑤自社が敗訴ないし不利を強いられるリスク（以下「敗訴リスク」）や、世間の耳目を集める事件において自社が訴えられた場合、⑥自社のレピュテーション（名声）に重大な影響をもたらすおそれ（以下「レピュテーションリスク」）も法的リスクに含めることが可能でしょう。

　これらを総括すると、法的リスクとは、一般に「法令や契約等に反すること、不適切な契約を締結すること、その他の法的原因により有形無

形の損失を被るリスク」のことをいい、企業活動に伴い不可避的に生じるオペレーショナルリスクの1つといえます。

図表 1-5　法的リスクとは

① **法令リスク**
　自社の取引や契約が法令に違反するリスク

② **当局リスク**
　規制当局から行政処分等を受けるおそれ

③ **契約リスク**
　契約交渉過程で生じるリスク

④ **訴訟リスク**
　取引先から訴えられるリスク

⑤ **敗訴リスク**
　自社が敗訴ないし不利を強いられるリスク

⑥ **レピュテーションリスク**
　自社のレピュテーション（名声）を毀損するリスク

　そして、これら法的リスクは、そのリスクに伴う不利益の程度・コントロールの可能性等に応じて、「取ってはいけないリスク」と、「取った上でコントロールするリスク」の2つに分類することができます。

　「取ってはいけないリスク」とは、当該リスクが現実化した場合に、企業活動に容易に回復しがたい重大なダメージをもたらすおそれのあるものをいい、刑事罰を伴うような重大な法令リスクや、企業活動を停止させるような行政処分を伴う当局リスク、大規模訴訟等の重要案件に係る敗訴リスク等がこれに該当します。

　たとえば、証券会社の役職員が、大口取引先等の一部の投資家にだけ利益を得させる目的で重要事実を故意に伝達し、インサイダー取引規制に違反した場合、他の一般投資家等に対して民事責任を負うにとどまらず、課徴金納付命令や業務停止処分等の重大な不利益をもたらす行政処分や、刑事罰を科されるおそれがあり、当該証券会社は致命的なダメージを被る可能性があります。

　このように、企業にとって致命的なダメージを及ぼすおそれのある「取ってはいけないリスク」は、早期かつ未然に防止するとともに、万

が一顕在化した場合にはリスクが拡大しないよう全力で対処する必要があります。

　一方、「取った上でコントロールするリスク」とは、当該法的リスクを負担したとしても、その現実化または影響を一定程度コントロールしうるものをいい、私法上の効力が否定されるにとどまるような軽微な法令リスク、契約リスク、訴訟リスク、重要性の低い案件の敗訴リスク、およびレピュテーションリスクがこれに該当します。

　たとえば、契約リスクについては、相手方との力関係等に鑑みて、契約書上、自社のみが一方的に守秘義務を負担せざるをえない場合がありますが、その場合であっても守秘義務の対象となる「秘密情報」の範囲を限定すること等によってその影響を限定することは可能です。また、訴訟リスクについては、訴え提起自体は第三者の意思であるためコントロールはできませんが、訴訟提起された場合に早期に和解で解決するなど、その影響をコントロールすることは可能です。

　このように、「取った上でコントロールするリスク」については、当

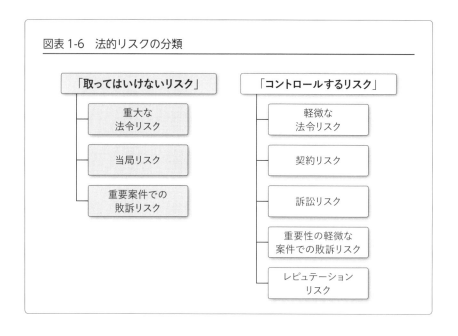

図表 1-6　法的リスクの分類

該リスク自体を必ず回避しなければならないというよりは、むしろ、場合によっては積極的にリスクを取った上で、その影響を軽減すべくコントロールすることが求められるといえます。

そのリスクが「取ってはいけない」ものか、あるいは「コントロールすべき」ものなのかを見極めることで、対策を講じる優先順位を整理することができます。これがコンプライアンスリスクマネジメントにつながるのです。

8 コンプライアンスリスクマネジメントへの道④ 法務担当者と外部弁護士の役割分担を明確にする

近時、弁護士資格を有する企業内弁護士、いわゆるインハウスローヤーも急増しており、インハウスローヤーを包摂する法務担当者と外部弁護士の相違を、弁護士資格の有無だけで説明することは困難です。

もっとも、案件の性質等に応じて、法務担当者限りで法的リスクをすべて解決することが困難なケースもあります。

そこで、どのような場合に外部弁護士を利用すべきかを検討する前提として、まず法務担当者と外部弁護士の役割、特徴等を整理してみましょう（図表1-7も参照）。

◆ 法務担当者の役割

▶企業の「かかりつけ医」

法務部は企業の経営戦略や社内事情に精通した内部組織の1つであることから、企業活動に伴う法的リスクが生じた場合、社内の営業部門や企画部門等がまず相談する先が法務担当者となります。いわば、法務担当者は企業にとって「かかりつけ医」といえます。秘密保持契約の締結や取締役会資料のレビュー等、日常的な法律問題であれば、通常、法務担当者で処理・解決が可能です。案件の重要性や専門性等に応じて外部弁護士を利用する場合もありますが、その場合、法務担当者には、外部弁護士との連携やマネジメント等、リエゾンの役割を果たすことが求め

られます。

▶社内事情を汲んだ法的アドバイスの提供

　法務担当者は、企業に専属し、常時、当該企業の活動に伴う日常的な法律問題に対応しています。また、企業の経営方針や経営戦略、組織体制や各部署の業務内容、社内キーパーソンも熟知するなど、社内事情に精通していることから、法的リスクを評価・判断するにあたり、社内事情を踏まえたビジネスジャッジの必要性に配慮しやすい立場にあるといえます。このように、法務担当者は、経営陣に近い距離から法的アドバイスを提供することが可能であり、また、そのような役割を求められているといえます。

　もっとも、視点を変えれば、法務担当者は、外部弁護士に比べてその法的リスク評価・判断における中立性の確保が困難であるという側面があるといえます。また、自社の扱う業務分野に関する日常的な法規制等には一定の専門性を有するものの、より深い専門知識を要する領域への特化は限定的であり、業務外の分野に関する専門知識は不足しがちな傾向があります。

　さらに、インハウスローヤーは増加傾向にあるとはいえ、100名超の弁護士を擁する大手法律事務所等に比べると、やはり法務部の人数は限定的です。そのため、限られたスケジュールで大量の弁護士を導入する必要のあるM&A案件や、国際カルテル案件等の不祥事・危機管理案件等については、法務担当者のみで対応することは困難といえます。

▶効率的な外部弁護士の活用

　法務担当者には、自ら法的アドバイスを提供するだけでなく、案件に応じて適切な外部弁護士を選定し、適切な連携やマネジメントを通じて、弁護士費用が過大とならないよう、効率的に外部弁護士を利用することも求められます。外部弁護士に依頼すれば法務担当者の役割が終わるわけではありません。外部弁護士から提供された法的アドバイスやリーガルオピニオンの内容が十分に説得力あるロジックで構成されているか、自社の立場・状況を正確に把握できているか等をチェックすることも必要です。

◆ 外部弁護士の役割

▶企業の「専門医」

　外部弁護士は、個別案件ごとに企業からの依頼を受けて法的アドバイス等のリーガルサービスを提供します。いわば企業の「**専門医**」といえます。

　外部弁護士は個々に得意とする専門分野が細分化しているため、案件ごとに適切な弁護士・法律事務所を選定することが重要です。

▶中立かつ専門性の高い法的アドバイスの提供

　外部弁護士は依頼企業との雇用関係はないため、社内事情に関係なく、中立的な立場で法的アドバイスを提供できる立場にあり、所属する事務所が蓄積している他社事例などのノウハウにもアクセスすることも可能です。

　また、弁護士は個々に独自の専門分野をもっているため、分野に応じた高度な専門的知識・アドバイスの提供を期待できます。短期間で多数の弁護士を要する大型M&A案件や不祥事案件にも迅速に対応可能な人的リソースを有する事務所もあります。

　このため、外部弁護士への依頼の際は、案件に依拠した専門分野を得意とする、適切な弁護士・法律事務所を選定することが重要です。「会社からのアクセスが便利だから」「インターネットで上位に検索されたから」といった漠然とした理由での依頼は避けなければなりません。

▶弁護士費用

　また、外部弁護士への依頼には弁護士費用が必要です。弁護士費用は決して安くはなく、契約書のドラフト・レビューであっても、巨額の売買契約や複雑なスキームに基づくファイナンス案件等では数百万円〜1千万円超、巨額のM&A案件におけるDD（Due Diligence）も含めた依頼では億単位となることもあります。いかに外部弁護士を効率的に利用するかという視点は、企業の競争力を維持する意味でも非常に重要です。

図表 1-7　法務担当者と外部弁護士の役割

	法務担当者	外部弁護士
企業にとっての役割	・まず相談する先 ・案件次第では外部弁護士の利用自体不要 ・外部弁護士利用の際のリエゾン役	・個別案件ごとの依頼で業務を遂行 ・案件の重要性等に応じて利用
法的アドバイスの性質等	・企業に専属し、日常的な社内法律問題に常時対応 ・企業の経営戦略、組織・業務、社内事情を踏まえた法的アドバイス 　▶反面、中立性の確保が困難な場合も ・一定の専門性は有するものの、専門分野への特化は限定的 ・人数は限定的 　▶リソース提供には一定の限界	・社内事情に関係なく、中立的で独立した助言を提供 ・分野ごとに高度な専門知識（専門分野をもつ弁護士が多い） ・大規模な案件（大型M&A、訴訟等）に対するリソースの迅速な提供 ・他社事例等に基づく知識・経験を提供
特徴	・外部弁護士に対するチェック機能（アドバイスの内容やリーガルオピニオンのチェック） ・外部弁護士との連携・マネジメント、適切な外部弁護士の選定、適切な報酬に向けた交渉	・適切な弁護士／法律事務所の選定が必要 ・弁護士費用は高額であり、効率的な利用が重要 　▶企業の競争力を左右

コンプライアンスリスクマネジメントへの道⑤

9　コンプライアンスリスクの発生原因を整理する

　コンプライアンスリスクの発生は、いくつかの要因が絡み合っているケースがほとんどです。

　公的規格・顧客仕様を満たさない製品等（不適合製品）について検査結果の改ざん・ねつ造等を行い、基準を満たすかのようにして顧客に出荷・提供する行為を繰り返していた大手鉄鋼メーカーの事例では、その原因を以下のように整理・公表しています。

① 収益偏重の経営と不十分な組織体制
② バランスを欠いた工場運営と社員の品質コンプライアンス意識の低下
③ 本件不適切行為を容易にする不十分な品質管理手続

　多くのコンプライアンスリスク発生事例では、その原因を上記のようにガバナンス面（①）、マネジメント面（②）、プロセス面（③）の3つにあると整理することができます。つまり、一個人や一部門に原因があるのではなく、企業全体に当該コンプライアンスリスクを醸成してしまう土壌があったということができるのです。

　こうした土壌を改善していくには、当然、①～③すべての面において再発防止策に取り組むことが必要です。先の事例でも、当該メーカーは以下のように再発防止策を打ち出しています。

① **ガバナンス面**
　・グループ企業理念の浸透
　・取締役会のあり方
　・リスク管理体制の見直し
　・組織の閉鎖性の改善
　・品質保証体制の見直し

② **マネジメント面**
　・品質マネジメントの対策
　・品質保証人材の教育・育成

③ **プロセス面**
　・品質管理プロセスの見直し
　・新規受注時の承認プロセスの見直し
　・製造プロセス変更時の承認プロセスの見直し

　こうした多面的な再発防止策を徹底するには、法務部などの一部の部門のみでの取り組みでは不十分で、組織全体での取り組みが不可欠となります。

　これは、予防の観点においても同様です。経営を揺るがす不正・不祥事を防ぐためにも、自社の組織体制にコンプライアンスリスクを誘発する土壌がないかを多面的に見直し、全社一丸となって予防策に取り組んでいくことが重要なのです。

10 深刻な不祥事を予防する組織体制を整える

　自社の状況を客観的かつ多面的に検証し、コンプライアンスリスクを予防する組織体制を整えるにあたっては、「組織文化の見直し」「事なかれ主義からの脱却」「原因の究明」「再発防止体制の構築」「開かれた組織の必要性」の5つのポイントを押さえる必要があります。以下、それぞれについて見ていきましょう。

▶組織文化の見直し

　残念ながら、不祥事は同じ企業が繰り返す傾向にあります。これには、当該企業の組織内における常識が、一般常識と乖離している傾向にあることが原因として挙げられます。言い換えれば、組織内の常識と一般常識との乖離を検証し、その差を埋めるべく修正していくことが、不祥事の抑止につながるのです。

　そのためには、組織内外に広く組織内の行動指針を公表できるだけの健全な風土を育てることが重要です。

▶事なかれ主義の脱却

　不祥事が起きたときに、責任を問われることを恐れて不祥事を隠すことは、最も避けるべき対応の1つです。不祥事を隠せば隠すほど、解決の機会を失い、発覚した際のダメージも大きくなります。当然、不祥事を隠してきたということへの倫理的批難も避けられません。

　不祥事を隠すことは、改善の機会を失うだけでなく、リスクをより拡大するだけに過ぎないということをはっきりと自覚しなければなりません。

▶原因の究明

　不祥事が発生した場合には、その不都合な事態にこそ目を向け、その原因を究明しなければなりません。

　ただし、原因究明にあたっては、「個人の責任追及」を目的とするのではなく「再発防止」に主眼を置く必要があります。

不祥事は「人」から起きることがあっても、その「人」の責任をいくら追及しても、再発の防止にはつながりません。「人」ではなく「出来事」に注目することで、はじめて不祥事の原因を究明し、再発防止につなげることが可能となるのです。

▶再発防止体制の構築

不祥事の原因を究明した後には、事前と事後の管理による再発防止体制を構築する必要があります。

再発防止体制の構築にあたっては、まず企業内部の監査体制を整備し、不祥事につながりうる出来事を事前に察知できるようにするとともに、不祥事が発覚した後の報告窓口を企業内部に整備し、不祥事発覚後、可及的速やかに対処できるようにしておくことが重要です。

▶開かれた組織の必要性

不祥事防止のための体制を整備しても、不祥事が発生する「現場」からの報告が経営層にまで届かなければ、不祥事の防止を十分に実現することはできません。また、9で述べたように、不祥事の原因は一部門だけの問題ではなく、ガバナンス面、マネジメント面、プロセス面と多岐にわたります。不祥事の再発防止を徹底するためには、従業員と経営層という「縦」の関係だけでなく、部門間（たとえば営業部と法務部等）同士の「横」の関係でも、柔軟に連携をとることができる体制を構築することが求められます。

第 **2** 章

契約のリスクマネジメント

1 契約と契約交渉の原則を理解する

「**契約**」とは、2人以上の当事者間における権利・義務に関する合意をいいます。そして、当事者間で契約を締結する旨の合意さえあれば、詳細についてまで取り決めなかったとしても、法律上の規定によって契約内容が補充されることとなります（**補充規定**）。

このように、私人間の取引は、当事者間の合意によって自由に決めることができるという「私的自治の原則」が妥当します。したがって、企業法務における契約交渉では、この私的自治の原則の下、いかに自社にとって有利な条件で契約締結を進めるかということを考える必要があります。

もっとも、あらゆる条件を自由に、無制限に設定することができるわけではありません。法律上の強行規定（当事者間の合意に左右されず、強制的に適用される規定。2も参照）に違反するような条項を設定した場合には、当該条項は違法であるとして無効と判断されることもありえます。契約交渉の場面では、強行規定に抵触しない範囲での任意規定の調整を意識する必要があります。

また、契約交渉や契約書の作成・チェックの場面では、当然に法的リスクマネジメントを考慮する必要がありますが、契約交渉の実務においては、契約当事者間の立場や力関係等を考慮し、経営判断によって自社に有利な条項であっても盛り込むことを控えるべき場面や、自社に不利な条項であっても受け入れることを検討すべき場面は起こりえます。

法務担当者としては、法的リスクの重要度を適切に峻別し、契約交渉において外すことができない条件は何か、あるいは相手方へ譲歩することができる条件や譲歩できる限度はどこまでかを検討しなければなりません。

契約交渉は、「契約準備段階→契約交渉→紛争の発生→紛争の解決」

という時系列に沿って動いていきますが、契約書案には、通常、契約準備段階における当事者間の協議の内容が反映されています。このため、契約書をレビューする法務担当者は、契約書の文言だけをチェックするのではなく、契約書案が提出されるまでのプロセスもチェックしておく必要があります。

契約交渉のプロセスを把握しておくことで、自社にとって今回の契約書がどのような重要性を有しているのか、また契約案の中でどの条項を注意すべきかを見極めることができるようになります。

契約の基礎知識②
2 法律上の任意規定・強行規定と修正の限界

契約とは、当事者間における権利・義務に関する合意をいい、当事者間で契約を締結する旨の合意さえあれば、詳細についてまで取り決めなかったとしても、法律上の規定によって契約内容が補充される（**補充規定**）という点は、**1**の冒頭でお話ししたとおりです。

もっとも、すべての法律上の規定が自社にとって有利な内容とは限りません。

2020年4月1日より改正民法が施行されたことに伴い、従前の改正前民法では**債権者主義**（目的物が消滅しても、買主はその代金を支払わなければならないとする考え方）が採用されていましたが、**債務者主義**が原則として採用されることになりました。このため、契約の場面によっては、自社がリスクを負担しなければならないこともあり得ます。

もっとも、私人間の取引を規律する民法は、「法令中の公の秩序に関しない規定」（**任意規定**）については、当事者の合意によって別途のルールを定めることを認めており（民法91条）、危険負担の債権者主義を定める改正前民法534条は、「法令中の公の秩序に関しない規定」、すなわち**任意規定**であるため、当事者の合意によって債権者主義を排除することが可能です。したがって、前記の中古自動車の売買契約の例であれば、契約交渉の段階で危険負担を債務者主義へと修正していれば、買主は中

古自動車の代金の支払いを拒むことができるようになります。

　このように、法律上の任意規定（以下、「**デフォルトルール**」）については、当事者間の交渉により、自分にとって有利な取引内容へと修正することが可能です。

　それでは、契約で規定しさえすれば、すなわち当事者の合意で取り決めればいかなる内容であったとしても自由に決めることができるのでしょうか。

　民法91条は、任意規定については当事者の合意によって異なる定めを取り決めることができると規定していますが、裏を返せば、「法令中の公の秩序に関する規定」については、当事者の合意によっても異なる定めをすることはできないということになります。

　このような「法令中の公の秩序に関する規定」を**強行規定**といいます。強行規定に反する内容を当事者間の合意で定めることは認められず、強行規定に違反した場合、当該条項が無効となるだけでなく、罰則や行政処分の対象となることもあります。

任意規定・契約・強行規定の優劣関係
強行規定 ＞ 契約（合意） ＞ 任意規定

　したがって、契約交渉の目的は、「**強行規定に抵触しない範囲で、自社にとって最も有利な内容となるよう任意規定を修正すること**」と整理することができます。

契約の基礎知識③
3　リスクコントロール手段としての契約書の役割とは？

　契約とは、「当事者間における権利・義務に関する合意」をいい、原則として「契約書」を作成しなくても契約は有効に成立します（保証契約等、一部の契約を除きます）。

もっとも、契約書には、「当事者間の合意内容を明確化し、将来、契約書の解釈をめぐってトラブルが生じないよう防止する役割」や「将来、当事者間で紛争が生じ、訴訟に発展した場合に、訴訟における最も有力な書証である契約書を自社に有利な証拠として利用できるよう確保しておく役割」「契約書の解釈をめぐるトラブル等をはじめ、各種リスクをコントロールする手段としての役割」が認められます。

　特に契約社会である英米圏においては、「最悪のシナリオを想定した場合におけるリスク分析と当該リスクの最小化」こそが契約書の本質的な役割として考えられており、リスクコントロール手段として契約書の果たす役割は極めて重要となります。

　たとえば、売買契約を締結する場合、「売買代金の金額」と「支払日」「利息」を規定しておけば契約書の役割を果たしているといえるかというと、必ずしもそうではありません。売買契約における最悪のシナリオを想定した場合、契約締結時において買主が自らの返済能力・信用力を偽っている可能性や、契約締結後に財務状況が急速に悪化して返済が滞るおそれ、買主が反社会的勢力との関係を隠している可能性、買主に開示した企業秘密を第三者に漏洩するおそれなどが考えられます。

　このように、最悪のシナリオを想定すると、取引にはさまざまなリスクが隠れていることがわかります。こうしたリスクをコントロールするために、契約書は重要な役割を担うのです（取引上で考えられる主なリスクと、対応する契約上の条項例について、図表2-1を参照）。

　契約書作成に際しては、「強行規定に抵触しない範囲で、自社にとって最も有利な内容となるよう任意規定を修正する」ための検討だけでは足りず、「当社にとって、当該取引が最悪のシナリオに進んだ場合、いかなるリスクが想定され、この契約書で本当にその最悪の事態に十分に対応できるのか」という観点からの検討が不可欠となります。

　この意味で、契約書は、企業にとって自社のリスクを最小化するための「楯」であると同時に、自社を強行法規に反しない範囲で有利にするための「武器」であるということができます。

図表 2-1 「最悪シナリオ」を想定したリスク分析

リスク項目例	契約書の条項例
信用リスク	・財務制限条項（借入比率制限、純資産維持条項等） ・財務諸表提出義務条項 ・格付維持条項 ・期限の利益喪失条項　等
レピュテーションリスク	・守秘条項 ・反社条項　等
不可抗力リスク	・不可抗力条項（一定の不可抗力の場合の免責等）

契約の基礎知識④

4 法的性質ごとの契約の種類を理解する

　契約は、その法的性質に応じて、さまざまな種類に分類されます。ここでは、それぞれの契約ごとの法的効果をご説明します。

▶典型契約（有名契約）と非典型契約（無名契約）

　「典型契約（有名契約）」とは、民法が規定する契約類型をいいます。具体的には、贈与契約、売買契約、交換契約、消費貸借契約、使用貸借契約、賃貸借契約、雇用契約、請負契約、委任契約、寄託契約、組合契約、終身定期金契約、和解契約の、計13種類を指します。

　一方、「非典型契約（無名契約）」とは、有名契約のいずれにも属さない契約をいい、テレビの出演契約やライセンス利用契約などが該当します。

　なお、「混合契約」とは、複数の有名契約の要素を含む契約をいいます。たとえば製造物供給契約（注文により商品を製造して販売する契約）は、請負と売買の両性質を備えたものといえます。

▶双務契約と片務契約

　「双務契約」とは、契約当事者双方が対価的性質を有する債務を負っている契約をいい、具体的には、売買契約、交換契約、賃貸借契約、雇用契約、請負契約、組合契約、和解契約の7種を指します。

　「片務契約」とは、契約当事者の一方のみが対価的性質を有する債務

を負っている契約をいい、具体的には、贈与契約、消費貸借契約、使用貸借契約の３種を指します。

▶有償契約と無償契約

「有償契約」とは、契約のすべての過程において対価的な性質をもつ経済的損失があると認められる契約をいい、具体的には、売買契約、交換契約、賃貸借契約、雇用契約、請負契約、組合契約、和解契約の７種を指します。

「無償契約」とは、対価的な性質をもつ出捐（経済的損失）が存在しない契約をいい、具体的には、贈与契約と使用貸借契約の２種を指します。

▶諾成契約と要物契約

「諾成契約」とは、当事者の合意だけで、契約目的物の交付を必要とせずに成立する契約をいい、多くの契約がこの諾成契約に該当します。

「要物契約」とは、当事者の合意だけでなく目的物の交付によって成立する契約をいい、具体的には、消費貸借契約、使用貸借契約、寄託契約の３種を指します。

▶要式契約と不要式契約

「要式契約」とは、契約の成立に一定の方式を必要とする契約をいい、身分行為の大半（婚姻・養子縁組等）は要式契約に該当します。なお、保証契約については、平成16年民法改正による民法446条2項に基づき要式契約となっています。

一方、「不要式契約」とは、契約の成立に何らの方式も必要としない契約をいいます。ほとんどの財産行為の契約は不要式契約といえます。

典型契約をその法的性質に応じて分類すれば、図表2-2のようになります。

法務担当者が契約交渉を進める際には、どのような法的効果を求めるかによって、契約類型を選択しなければなりません。

図表 2-2　典型契約の分類

	双務・片務	有償・無償	要物・諾成	解除の遡及効の有無
贈与	片務	無償	諾成	有
売買	双務	有償	諾成	有
交換	双務	有償	諾成	有
消費貸借	片務	無償 （有償もある）	要物	有
使用貸借	片務	無償	要物	無（解釈）
賃貸借	双務	有償	諾成	無（民620）
雇用	双務	有償	諾成	無（民630・620）
請負	双務	有償	諾成	有
委任	片務 （双務もある）	無償 （特約で有償）	諾成	無（民652・620）
寄託	片務 （双務もある）	無償 （有償もある）	要物	無
組合	合同行為とする有力説			無（民684・620）
和解	双務	有償	諾成	有

契約書のチェックポイント①

5　契約書の構成を理解する

　契約書は、「タイトル」「前文」「契約条項」「後文」「契約書作成日」「当事者の署名・印」という構成のものが大半ですが、主に押さえておくべきポイントは以下の11項目になります。

▶ **契約の成立要件**

▶ **契約の成立時期**

▶ **契約締結と書面の要否**

▶ **契約書のタイトルと法的効果**

▶ **「前文」の意味**

▶条・項・号

▶後文

▶契約書作成日

▶当事者名の表記

▶契約書の署名・押印

▶印紙の要否

　これらのポイントをイメージしやすいように、契約書の参考例として、「金銭消費貸借契約書」を掲載します。

　6以降では、各ポイントについて解説します。

金銭消費貸借契約書

　貸主　XXX株式会社（以下「甲」という。）、借主　YYY（以下「乙」という。）及び連帯保証人ZZZ株式会社（以下「丙」という。）は、甲が乙に対し以下の条件で金員を貸し付ける旨の契約（以下「本契約」という。）を締結する。

第1条　（諾成的消費貸借の合意）
　甲は、下記約定により乙に対し金員を貸し渡し、乙はこれを借り受けることを合意する。
　（1）　金額　　　　　　　金1000万円
　（2）　弁済期限　　　　　令和●年●月●日
　（3）　弁済方法　　　　　令和●年●月から令和●年●月まで毎月末日限り金●万円を合計●回の元金均等分割弁済
　（4）　利率　　　　　　　第2条に基づき乙が金員を受領した日以後年●％（年365日日割計算）
　（5）　利息の支払日　　　毎月末日
　（6）　遅延損害金利率　　年●％
　（7）　支払方法　　　　　乙の指定する下記銀行口座に振り込む方法により支払う

記

　●銀行●支店
　普通預金

口座番号　●●●●

口座名義　●●●●

第2条　（金銭の授受）

　甲は、乙に対して、前条第1号に定める金員を、令和●年●月●日に、前条第7号に定める口座に振り込む方法により貸し渡すものとし、振込手数料は甲の負担とする。

第3条　（使途）

　乙は、本契約に基づく借入金を、令和●年●月●日付業務提携契約に基づく本件設備投資（同契約に定義する。）を実施するための資金としてのみ使用するものとし、他の目的には使用しないものとする。

第4条　（期限の利益喪失）

　乙又は丙に本条各号の事項の一つにでも該当する事由が生じたときは、何らの通知、催告がなくとも当然に、乙は一切の債務について期限の利益を喪失するものとし、直ちにその債務を弁済する。

　　(1) 本契約に基づく債務の一つについてでも、その履行を遅滞し、又は違反したとき

　　(2) 支払の停止又は破産、民事再生、会社更生手続若しくは特別清算の申立てがあったとき

　　(3) 手形交換所の取引停止処分を受けたとき

　　(4) 仮差押、仮処分、強制執行若しくは任意競売の申立て又は滞納処分のあったとき

　　(5) 合併による消滅、資本の減少、営業の廃止・変更又は解散決議がなされたとき

　　(6) その他、資産、信用又は支払能力に重大な変更を生じたとき

　　(7) 相手方に対する詐術その他の背信的行為があったとき

第5条　（一括返済）

　乙は、甲に対して、書面により一括返済の申し出を行うことにより、期限の利益を放棄して、いつでも第1条第1号に定める金員について一括返済をすることができる。ただし、当該一括返済により甲が損害を受けた場合、乙は甲に対して、当該損害を賠償しなければならないものとする。

第6条　（表明及び保証）

　乙及び丙は、甲のために、以下の各事項が本契約締結日において真実かつ正確であることを表明し、保証するとともに、後日そのいずれかが本契約締結日において真実又は正確でなかったことが判明したときは、直ちに甲に書面によ

りその旨を通知するとともに、それにより甲に生じた損失、経費その他の一切の損害を負担する。

(1) 乙及び丙による本契約の締結及び履行は、(ⅰ) 乙及び丙が負担する本契約以外のいかなる契約上の義務にも違反する結果とならず、かつ、(ⅱ) その財産を拘束するいかなる日本国の法令等にも違反する結果とならないこと

(2) 乙及び丙は、日本法上有効に設立された法人であり、本契約を締結し、本契約に基づく一切の債務を負担する法律上の完全な権利能力及び本契約に定められている規定を遵守・履行するのに必要な法律上の完全な権利能力を有しており、本契約が有効に乙及び丙を拘束すること

(3) 乙及び丙は、本契約の締結・交付及び本契約に基づく一切の債務を遵守・履行するために必要となる日本法並びに乙及び丙の社内の承認手続をすべて適法に完了していること

(4) 乙及び丙による本契約上の義務の履行に重大な影響を及ぼす訴訟・係争等が発生していないこと

(5) 乙及び丙は、現在、暴力団、暴力団員、暴力団員でなくなったときから5年を経過しない者、暴力団準構成員、暴力団関係企業、総会屋等、社会運動標ぼうゴロ又は特殊知能暴力集団等、その他これらに準ずる者（以下、これらを「暴力団員等」という。）に該当しないこと、及び次の各号のいずれか一にも該当しないことを表明し、かつ将来にわたっても該当しないことを表明し、保証する。

　① 暴力団員等が経営を支配していると認められる関係を有すること

　② 暴力団員等が経営に実質的に関与していると認められる関係を有すること

　③ 自己、自社若しくは第三者の不正の利益を図る目的又は第三者に損害を加える目的をもってするなど、不当に暴力団員等を利用していると認められる関係を有すること

　④ 暴力団員等に対して資金等を提供し、又は便宜を供与するなどの関与をしていると認められる関係を有すること

　⑤ 役員又は経営に実質的に関与している者が暴力団員等と社会的に非難されるべき関係を有すること

第7条　（届出事項の変更）

1　乙及び丙は、自己の名称、商号、代表者、住所その他届出事項に変更があったときは、直ちに書面によって甲に届け出るものとする。

2　前項の届出を怠ったため、通知又は送付された書類等が延着し又は到達しなかった場合には、通常到達すべき時に到達したものとみなす。

第8条　（連帯保証）
1　丙は、本契約に基づき、乙が甲に対して負担する一切の債務について負担する。
2　丙は、乙が丙の取締役であり、前項に定める連帯保証に関して、丙の取締役会において会社法第356条第1項に定める承認を得たことを約し、その旨が記載された取締役会議事録を本契約書に添付するものとする。
3　本契約に基づく乙の借入金の元本及び利息、違約金、損害賠償その他従たる債務すべてのものについての不履行の有無並びにこれらの残額及びそのうち弁済期が到来しているものの額に関する情報について、丙から当該情報を提供するよう請求があった場合、甲は丙に対して、遅滞なく当該情報を提供しなければならないものとする。

第9条　（乙による解除）
　　乙は、甲から第1条第1号に定める金員の授受の前であれば、本契約を解除することができる。この場合、乙は甲に対して、甲が当該金員を調達するために要した費用その他の損害を賠償するものとする。

第10条　（債権譲渡禁止）
　　甲は、本契約上の権利について、乙の事前の書面による承諾なく、第三者に対して譲渡してはならない。

第11条　（通知）
　　本契約に基づく通知、要請、要求、放棄、承認、同意又はその他の通信は、個別の条項に別途規定する場合を除き、すべて書面（電子メールを含む。本契約書において同じ。）によって別紙記載の通知先に宛てて郵送することによってなされるものとする。

第12条　（準拠法及び管轄裁判所）
1　本契約は、日本法を準拠法とし、同法に従って解釈されるものとする。
2　本契約に関する紛争については、東京地方裁判所を第一審の専属的合意管轄裁判所とする。

第13条　（誠実協議）
　　本契約に定められていない事項又は解釈上疑義が生じた事項については、その都度、甲乙丙誠意をもって協議決定する。

　　本契約の成立を証するため本契約書を3通作成し、甲乙丙各記名押印の上、各1通を保有する。

●年●月●日

		所在地	○○○○
（貸主）甲		会社名	XXX株式会社
	代表者氏名	●●●●	

		住所	○○○○
（借主）乙			
		氏名	YYY

		所在地	○○○○
（連帯保証人）丙		会社名	ZZZ株式会社
		代表者氏名	●●●●

契約書チェックポイント②
6 契約書の成立要件と成立時期とは?

◆ 契約の成立要件

　「**契約の成立要件**」とは、「**申込み**」と「**承諾**」の意思表示の合致（合意）をいいます。意思表示が外形的にも存在しない場合には、法律行為は不成立となります。改正前民法においては、合意による契約の成立は当然のこととして特段法律で規定されていませんでしたが、現行民法においては、申込みの意思表示と承諾の意思表示の合致により契約が成立することが明文化されています（現行民法522条1項「契約は、**契約の内容を示して**その締結を申し入れる意思表示（以下「**申込み**」という。）に対して相手方が**承諾**をしたときに成立する。」）。

　なお、契約の申込みに際して必要とされる「契約の内容を示して」の意義について、文言上はどのような内容を示す必要があるかは判然としません。そのため、不十分な内容の提示にとどまる場合、契約の「申込み」ではなく、「**申込みの誘引**」（相手方を誘って申込みをさせようとする意思表示。「申込み」ではない）に過ぎないと解釈され、契約が成立しなくなるおそれがあります。そのため、できる限り契約の内容を具体

的に特定した上で、契約の申込みを行うことが望ましいといえます。

◆ 契約の成立時期

改正前民法においては、契約の成立時期を「承諾の発信時」と規定していました（発信主義。改正前民法 526 条 1 項）。

これに対して、現行民法においては、契約の成立要件が明文化されただけでなく、契約の成立時期について**発信主義から到達主義へと転換**されたことにも注意が必要です。すなわち、契約の申込み・承諾等を含む意思表示全般の効力発生時期を定める現行民法 97 条 1 項は、「相手方に到達した時」に効力が生じると規定しています。そして、上記のとおり、現行民法 522 条 1 項は、契約の成立時期について「相手方が承諾をしたとき」と規定するとともに、承諾については例外的に発信したときに効力が生じると規定していた改正前民法 526 条 1 項が削除されたことから、承諾の意思表示の効力は、意思表示の効力発生時期の一般原則である現行民法 97 条 1 項が適用され、到達時に効力が生じることとなります。

このように、現行民法においては、承諾の意思表示が相手方に到達しなければ契約は成立しないことから、承諾が到達しなかった場合のリスクは承諾者が負うことになります。したがって、承諾者としては、書留郵便を利用するなど、承諾の到達を記録に残しつつ承諾を行うことが望ましいといえます。

◆ 契約書に作成日を記入する意義

このように、契約は、現行民法においては、承諾の意思表示が相手方に到達しなければ契約は成立しないことになるため、契約書の作成日が空欄であった場合、果たして契約がいつ成立したといえるのか、疑義が生じるおそれがあります。

契約の成立時期が争いになることを未然に防ぐ意味でも、契約書作成日を記入することは、同日に相手方が契約の承諾をしたことが明確になるため、今後は特に重要となります。

なお、中には、契約の効力発生時期を契約書の作成日付よりも遡らせ

たいと考えるケースもありますが、契約書作成日を実際の日付よりも遡らせる「バックデート」は、事実と異なる記載をするというリスクがあることから望ましい対応ではありません。

こうしたケースでは、契約書本体の中に、以下のように契約の効力発生時期を遡及的に発生させる旨の条項を記載するという対応が望ましいでしょう（**12** も参照）。

効力の遡及的発効を明記する文例

　本契約は、契約締結日にかかわらず、●●年●月●日より遡及的に適用するものとする。

---

7 契約書チェックポイント③ 契約交渉の証拠化に必要なものとは？

改正前民法に明文の規定はありませんでしたが、個人の生活関係はその自由な意思によって処理されるべきものであるとの考え方から、「契約自由の原則」を採用しています。契約自由の原則は、さらに「契約締結の自由」「相手方選択の自由」「契約内容決定の自由」「契約の方式の自由」という4つの原則に分けられるところ、現行民法においては、これらの原則が明文化されることとなりました（現行民法521条、522条2項）。

「**契約締結の自由**」とは、そもそも契約を締結するか否かに関する自由をいい（現行民法521条1項）、「**相手方選択の自由**」とは、誰と契約を締結するかを当事者の自由に委ねる原則をいいます（現行民法521条1項）。そして、「**契約内容決定の自由**」とは、強行法規または公序良俗に反しない限り、契約の内容は当事者が自由に決定することができるという原則をいい（現行民法521条2項）、「**契約の方式の自由**」とは、いかなる形式による契約とするかは当事者の自由であり、特に法律の要求する方式を必要とするものではないという原則をいいます（現行民法522条2項）。

このように、契約の方式の自由の下、原則として当事者間で契約締結に向けた合意があれば、書面がなくても、口頭やFAX、メールでの約束であっても契約は成立します。

結局は、当事者間の契約交渉の過程がどの程度証拠化されているかによって契約の成否が判断されることになりますので、契約の成立を主張したい側からすれば、契約書を締結していないからというだけで契約の成立を諦めるべきではなく、当事者間におけるメールやFAX等のやりとりを根拠に契約の成立を裏付けられないかを検討する必要がありますし、契約の成立を否定したい側としては、契約書がないというだけで直ちに契約が成立していないとは断言できないことに留意しなければなりません（ただし、保証契約のように法律上で書面の作成が契約の効力要件とされている場合（現行民法446条2項）には、契約書の締結が必要）。

契約書チェックポイント④
8 契約書はタイトルではなく内容で法的効果が決まる

法律上、契約書のタイトルの決め方について特段のルールはありません。どのような名称の契約書にするかは当事者間で自由に決めることができ、契約書のタイトルと契約内容にも、直接の関係はありません。

一般に、「●●契約書」というタイトルの書面よりも、「●●に関する覚書」「●●に関する念書」といったタイトルの書面の方が契約としての効力・拘束力が弱いという誤解が見受けられますが、「契約」は当事者間における権利・義務に関する合意をいい、その内容を書面化したものが「契約書」であるため、当事者間で意思が合致した内容が書面化されていれば、「契約書」「覚書」「念書」といったタイトルの違いにかかわらずいずれも「契約書」に該当し、合意内容の効力も法的に差は生じません。

とはいえ、実務上は、社内ルールによって、契約の交渉段階に応じて各種書類のタイトルを選択したり、契約の細部の条件までは詰めていな

いものの、契約を検討するにあたっての骨子を整理した「基本合意書」などのタイトルを選択することもあるかと思います。

このような基準で契約書のタイトルを検討する場合には、契約の拘束力がどの程度まで及ぶのかの参考となることはありえます。

ただし、あくまでも契約書のタイトルのみで一義的に法的効果が決まるのではなく、契約書の内容がどの程度まで詳細に決められているのかが重視されます。契約書のタイトルのみにこだわり、肝心の契約書の内容を検討することを疎かにすることがないよう気をつけなければなりません。

9 契約書チェックポイント⑤
契約書の趣旨を明確にする「前文」の重要性

前文は、契約当事者や契約内容の特定などを行うために設けられており、具体的な契約内容は各条項で定めるため、通常、前文が法的意味を有することはありません。

なお、現行民法においては、履行不能の判断基準（現行民法412条の2）や損害賠償における債務者の帰責事由に関する判断基準（現行民法415条1項）について、「その債務の不履行が契約その他の債務の発生原因及び取引上の社会通念に照らして」判断することとされ、無催告解除（現行民法542条1項3号）においても「契約をした目的を達することができないとき」に該当することが要件として規定されるなど、改正前民法以上に、当事者の意思が重視されているものといえます。

したがって、今後は、英文契約における Whereas Clause（取引の背景、両当事者の主な事業内容や当該契約の目的や締結の経緯等を記載する条項）などのように、前文において契約締結に至った背景等を説明し、当事者の意思を明確にしておくことがより重要になる可能性があります。

10 契約書チェックポイント⑥ 契約書の形式を整えるための条・項・号のルール

　前文以降、具体的な契約条項が記載され、当事者の合意内容を反映し、規定していくこととなります。

　条・項・号の使用方法や表記の方法について、特段法律上のルールはありませんが、一般的な契約書では、1つの「条」の中に複数の「項」があり、1つの「項」の中に複数の「号」がある、という構成を採用しています。

　なお、契約書に規定すべき各条項の順序についても特に法律上のルールはありません。一般的には、以下のように契約の流れに沿って各条項を記載していますが、記載の順序によって契約書の効力が変わることはありませんので、基本的には読みやすい順序で記載すればよいでしょう。

① 契約締結段階に関する条項（契約締結の目的や定義条項など）

② 契約履行段階に関する条項（代金支払、引渡、検収条項など）

③ 契約の履行に問題が生じた場合に関する条項（担保責任、危険負担、解除、期限の利益喪失条項など）

④ 契約終了段階に関する条項（損害賠償責任、契約終了後の措置など）

⑤ その他、一般条項（準拠法、裁判管轄、協議条項など）

11 契約書チェックポイント⑦ 「後文」の役割とは？

　後文は、契約書の作成部数や原本・写し等の作成を明らかにするために記載されるものであり、通常、契約書の法的効力に影響を与えることはありません。後文の使用方法や表記の方法についても、特に法律上のルールはありませんが、一般的な記載例は、以下のようになります。

> 　本契約の成立を証するため本契約書を2通作成し、甲乙各記名押印の上、各1通を保有する。

　なお、原本を何通作成するかについても、契約書のタイトルや当事者名の表記と同様、法律上特段の定めはありません。通常は当事者の人数分作成し、それぞれが一通保管すると規定することが多いのですが、たとえば当事者が3名以上等の多数にわたる場合には、当事者の一部のみが原本を保管し、他の当事者はこれをコピーした「写し」を保管するという取扱いをすることもあります。

　こうした契約書の作成通数や管理方法を後文に明記することで、契約書の保管方法を当事者間で確認し合うことができます。

12 契約書チェックポイント⑧ 契約書の作成日と成立日（締結日）の関係

　契約書作成日は、通常、実際に契約書を作成した日を明らかにするために記載されます。

　契約書作成日と契約締結日が同日である場合は、契約の内容を構成する場合もあります（たとえば、契約の有効期間として、「本契約の有効期間は、本契約締結日から1年間とする。」旨規定する場合など）が、実務上、契約書作成日と契約締結日が異なる場合はあります。たとえば、契約書を作成した日は2020年1月1日だとしても、実際に当事者間で契約書を締結した日は2020年2月1日だというようなケースです。

　このような問題が生じてしまう背景には、契約書の成立時期をいつと見るかの解釈が分かれてしまうことにあります。契約書の成立時期をいつと見るかは、概ね以下の3つの場合が考えられます。

▶ **契約書の作成日付を記入した日にちに契約が成立したとする考え方**

▶ **当事者間で事実上合意が成立したと考えられる日にちとする考え方**

（書面上には出てこない日にちになる場合もある）

▶当事者それぞれの社内承認完了日のうち、最も遅い日とする考え方

6 でも触れましたが、契約の方式自由の原則（現行民法522条2項）の下、契約は口頭の合意でも成立するため、実際の契約締結日よりも後に契約書が作成されることは少なくありません。こうした場合に、契約書の作成日や効力発生日を過去に遡らせること（バックデート）は、実務上しばしば行われています。

もっとも、口頭での合意に基づき既に取引はスタートしているにもかかわらず、契約書の作成日を取引の実態に合わせて遡らせてしまうと、後日紛争になった場合に、口頭での合意当時、契約書締結権者にその権限があったのか、契約書に規定されている内容と取引の実態にズレがあったのではないか等が問題となる可能性があります。

そこで、基本的には、契約作成日はあくまで全当事者が実際に記名・捺印した日として、契約の効力発生日（契約の有効期間の開始日）を過去の日に遡らせるのが適当といえるでしょう。

このような場合には、契約書に、以下のような契約書に基づく法的効力の発生時期を明記した条項を盛り込むことが考えられます。

（効力発生期間）
第●条　本契約は、契約締結日にかかわらず、●年●月●日より遡及的に適用するものとする。

契約書チェックポイント⑨
13 深刻な影響をもたらす当事者名の表記ミス

契約書における当事者名の表記についても、契約書のタイトルと同様、「こうしなければならない」というルールはありません。一般的には「甲」「乙」「丙」などと表記する例が多いのですが、もちろん「株式会社●●●」「○○○合同会社」と表記しても構いません。

　もっとも、こうした一般化された表記を用いた契約書で、契約書冒頭の「甲」「乙」と末尾の署名欄の「甲」「乙」が逆になってしまったり、明らかに当事者の一方を間違えて記載してしまっている条項があるなどのミスを見かけることも、実は少なくありません。

　当事者名を入れ違えて作成してしまう原因としては、一括変換をした際に見落としてしまったり、複数回のレビューを行っているうちに誤読してしまったりすることなどが考えられます。契約書の条項が10条程度しかないような比較的分量の少ないものであればチェックも容易ですが、数十条、数十頁に及ぶような契約書のチェックとなると、当事者名の誤記がないかを検討することもかなりの負担となります。

　ただし、このような誤記と疑われるケースであっても、契約当事者双方が記名押印した後は、原則として有効に成立したものと考えられるため、契約の履行に深刻な影響を及ぼすおそれを否定できません。

　当事者名の明らかな誤記を防ぐためには、あえて「甲」「乙」などの略称を使用せず、当事者名をそのまま使用することも一案です。また、たとえば「長瀬株式会社」であれば契約書中の当事者名を「長瀬」として簡略化して記載したり、消費貸借契約であれば「貸主」と「借主」と表記したりするなど、当事者名の表記と当事者の役割の関係を明確にして記載するといった工夫をすることも考えられます。

　誤記に気付かないまま契約の締結をしてしまわないように、分かりやすい表記を行うことも、リスクコントロールの1つといえるでしょう。

14　契約書チェックポイント⑩
署名・押印の効果とは？

　個人ではなく、会社が当事者となる場合には、契約書にサインをする者が当該会社を代表して契約を締結する権限を有することが必要です。

　会社が定款等によって代表取締役を定めている場合、代表取締役には会社を代表する権限が与えられているため（会社法349条4項）、当該

会社の代表取締役が契約書末尾の署名権者としてサインするのが一般的ですが、取締役以外の部長等の従業員であっても、会社から対外的代表権を与えられていれば、有効に契約を締結することができます。

ただし、外部の取引先からは、実際に相手方担当者に代表権が与えられているかは把握ができないため、相手方担当者に代表権があるか疑わしい場合は、念のため契約締結権の有無を確認した方がよいでしょう。

また、契約締結に際して、押印は実印でなければならないといった法律上の定めはありません。そのため、実印、認印いずれによる押印であっても契約の効力自体に差異はありません（「実印」は印鑑登録されている印鑑をいい、「認印」は印鑑登録がされていない印鑑、いわゆる三文判をいう）。もっとも、認印は簡単に購入できてしまうため、権限のない者がなりすますなどのリスクが高まるおそれがあります。

こうしたことから、重要な契約書では実印を用い、それが実印に相違ないという担保のために印鑑証明書の添付を求める場合もあります。

なお、契約書への押印には、主に以下の種類があります。

▶契約印

「契約印」とは、契約を締結する際に押す印鑑のことをいいます。法人の場合は、法務局に登録してある代表取締役印、個人の場合は市町村役場に届出ている実印を用いるのが正式です。ただし、前述のとおり、認印を用いても、それで契約が無効になるわけではありません。

▶契印（けいいん）

契約書が２頁以上にわたる場合、通常、製本をしますが、さらに、契約各当事者が見開きのページの合わせ目の部分に印鑑（契約）を押します。このように、「契印」は、後日ページを差し替えるなどの改ざんを防ぐために行われます。なお、契印には契約印を用います。

ただし、契約書のページ数が多いと、すべての見開きのページごとに契印を押すのは負担がかかり、製本テープを用いて契約書はページがば

らばらになる可能性も低いため、契約書の裏表紙のとじ目にのみ契印を押せばよいという運用になっています。

▶消印（けしいん）

契約書に収入印紙を添付した場合、その収入印紙を再利用できないよう、契約書と印紙の彩紋にまたがるように印鑑（「消印」）を押します（印紙税法8条2項、同施行令5条）。

消印は、契約の一方当事者のみが押せばよく（印紙税法基本通達64条）、契約印と異なる印鑑でも構いません。

このほかにも、契約書への押印の種類はさまざまありますので、それぞれの意味や役割を把握しておきましょう。

契約書チェックポイント⑪
15 収入印紙の要否を確認する

一定の契約書については、印紙税の納付が義務づけられており、印紙の貼付等が必要となる場合があります（課税文書。印紙税法2条、8条）。

「課税文書」とは、印紙税法上、印紙税を納付する必要がある文書で、課税物件表に課税物件として定められている文書をいいます（20種類）。その契約書が課税文書となるか否かは、契約書のタイトルではなく、内容によって判断されます。たとえば契約書のタイトルが「念書」となっていたとしても、内容が金銭の借用証書であれば、「消費貸借に関する契約」として、契約金額に応じた収入印紙を貼付する必要があります。

なお、課税文書に収入印紙が貼付されていなかったとしても、その契約の効力自体に影響はありません。ただし、納付すべき印紙税を当該文書の作成のときまでに納付しなかった場合には、納付しなかった印紙税の額とその2倍に相当する金額との合計額（＝本来の3倍の印紙税）を支払う必要があるため、注意が必要です（印紙税法20条1項）。

具体的な印紙税額については、国税庁のホームページ[1]で確認するこ

とができます。

16 契約書チェックポイント⑫
チェックリストを活用して、効率的な形式チェックを

　これまでも述べたとおり、契約書は形式的な誤記等があっただけでも、契約の有効性や内容にも大きな影響を及ぼしかねません。

　「単なる形式的なミス」と軽く捉えることなく、むしろ細かい内容の解釈以上に、形式的なミスは致命的な問題に発展しかねないと捉え、細心の注意をもってチェックを行うことが重要です。

　契約書の形式面に関して注意すべき主な点は、以下のとおりです。

　多く目にする契約類型ごとにチェック項目を適宜加筆修正するなどして用意しておくと、よりよいでしょう。

　定義の正確性や空欄の補充漏れ等がないかをチェックするには、Word の検索機能も利用すると効率的です。

契約書形式面のチェックリスト

□ **誤字・脱字等はないか？**
　誤字・脱字等が直ちに契約書の効力に影響を及ぼすことは少ないですが、「甲」と「乙」が入れ替わっていたり、取引金額の桁を間違えていたりするなど、致命的なミスを見逃している場合もあります。

□ **「本件取引」、「本件不動産」等の、契約書において定義づけされた用語が正しく使用されているか？**

□ **日付・金額に間違いはないか？参照条文にズレ等はないか？**
　契約締結日付や契約内の各種条項で引用されている日付、また報酬等の金額については、必ず最終稿とドラフト段階のものとの比較を行い、内容を検証します。

1　https://www.nta.go.jp/publication/pamph/inshi/pdf/zeigaku_ichiran.pdf
　（令和元年 6 月時点の一覧表）

□ **契約書に付随する「別紙」「別添」の漏れはないか？**

契約書本体で概略のみを定め、事務手続や報酬額等の詳細については「別紙」「別添」に定める場合があります。このような場合には、かかる「別紙」「別添」等を参照する旨が契約書本体に定められ、また、「別紙」「別添」等の内容が契約書本体の規定内容と平仄が合っているかを確認します。

□ **空欄にしていた箇所は埋められているか？**

ドラフト段階で空欄とした部分が正確に規定されているかを確認します。

□ **契約書作成途中での内部コメントはきちんと反映・削除されているか？**

ドラフト段階で修正履歴等を付して記載した内部コメントが漏れなく反映され、削除されているかを確認します。

第 **3** 章

適時・適切な債権管理で
経営の生命線を守る

① 債権管理はなぜ重要か?

　企業活動を行う上では、さまざまな法的リスクの検討・対応を行う必要がありますが、数ある法的リスクの中でも事業活動の継続に直結する問題として、債権管理（債権回収）が挙げられます。

　売掛金はあるが取引先企業が期日までに支払いに応じてくれない、取引先企業が経営不振となり債権を回収できる見込みが立たない……等の問題でお悩みの企業は少なくありませんが、これらの問題は、いわゆる「債権管理」が問題となる場面です。

　企業間取引ではもちろん、個人相手の請負契約などでも、債権が回収できないという問題は、日常的に起こりうるものです。債権管理を適切に行うことができなければ、正当な対価を得ることができず、事業運営の継続さえ困難になってしまうおそれもあります。いわば、債権管理は「企業経営の生命線」なのです。

　債権管理を行うことは、安定的かつ持続可能な企業活動を実現するために重要な要素であることを認識する必要があります。

　債権管理を適切に実行するためには、債権管理の対象と方法を多面的に捉える必要があります。債権管理の対象となる財産は、預貯金や現金もあれば、売掛金や不動産など、さまざまな種類があります。こうした財産の種類によって、とるべき対応は異なります。

　また、債権管理の方法は、支払遅延時に請求書を送付するなどして交渉するだけでなく、調停や訴訟の提起のほか、仮差押を申し立てる方法や、トラブルが発生することを見越して取り交わしていた契約書に従って設定した担保権を実行するという方法もあります。

　債権管理を適切に実行するためには、トラブルが発生する前の、平時からの準備が重要です。

　一般的に、債権管理を実行する場合には、時間の経過とともに成功率

は下がる傾向にあります。また、債権管理の適切な実施のために必要な情報の収集も、トラブル発生前の段階であれば行いやすい反面、トラブルが顕在化すると容易ではなくなる傾向にあります。さらに、支払遅延や未払いのリスクを低減するための対策も、トラブルが顕在化する前の平時の段階の方が講じやすいものです。平時とリスクが潜在的に発生する場面、そしてリスクが顕在化した時点とでとるべき対応が異なっていくことを理解しておく必要があります。

債権管理の基礎知識②
2 債権管理の主体とは?

　「債権管理の問題が起きたときには、すべて弁護士に一任すればよい」と考えている企業は少なくありません。これは、債権管理のご相談でよくある誤解です。

　債権管理の方法は法的手続だけではありません。また、法的手続によりさえすれば、必ず成功するというものでもありません。むしろ、債権管理の成否は、弁護士任せにすることではなく、いかに企業が当事者意識をもってこの問題に取り組むができるかによるといえます。

　債権管理は情報戦です。たとえば、相手方の預貯金の口座を差し押さえるという方法がありますが、預貯金の差押を成功させるためには、相手方の預金口座に関する情報を入手する必要があります。また、取引先に対する売掛金を差し押さえるためには、取引先に関する情報を入手する必要があります。

　スピードも重要です。相手方の預貯金があったとしても、差押を警戒して預金を引き出されたり、他の預金口座に移動されたりすれば差押の効果は上がりません。債権管理上の問題の芽を察知したら、少しでも早く動くことがポイントです。

　このように、債権管理のメインはあくまでも当事者（企業自身）にあるということをご理解いただいた上で、弁護士との役割分担（債権管理

の予防策の構築、債権管理の解決としての交渉や裁判等、法的手続の対応など）を行っていくことを意識していくことが、債権管理の成功率を高めることになります。

　なお、債権管理では、ともすれば回収率を上げるために、強硬な取り立てなどの無理な選択肢が挙がることもあるかもしれませんが、あまりにも強引な取り立てや反社会的勢力の力を借りた取り立てをしてしまうと、債権者であっても強要罪等の刑事責任や行政処分等を受けることになりかねません。債権管理にあたっては、「どこまでの行為が許されるのか、適切か」についても、弁護士に相談して検討していく必要があります。

債権管理の基礎知識③
3 債権管理の３つのポイント

　2 でも触れましたが、債権管理のポイントは、「情報戦」「スピード重視」「無理をしない（刑事責任／行政法規違反のリスクを回避する）」の３つです。この点について、相談事例をもとに、実際にどのように債権管理を進めていくべきかを考えてみましょう。

> **相談事例**
>
> 　建築設計会社Ａ社がＢ社から新築工事を受注し、工事を完成させたが、Ｂ社は工事代金の一部を期日までに支払わなかった。未払工事代金は数億円にのぼったが、Ａ社がＢ社に何度催促しても、Ｂ社は弁解ばかりで進展はなかった。

　本件でＡ社が検討すべきは「交渉を継続すべきか」（①）「弁護士による請求を行うべきか」（②）「訴訟を提起すべきか」（③）「仮差押を請求すべきか」（④）の４つです。

　まず、①の交渉については、交渉を継続したとしても、今までのＢ社の対応から、変化は期待できません。②の弁護士による請求について

は、B 社の対応の変化は期待できますが、弁護士が間に入ることで、B
社に A 社が本格的に債権管理に着手することが察知され、財産を隠さ
れてしまうおそれがあります。③の訴訟についても、強制力はあるもの
の、判決が出るまでには相当の時間を要するため、判決までの間、B 社
の財産が維持できていないおそれも懸念されます。このため、本件では、
④の仮差押を選択することが望ましいといえます。

　本件では④の仮差押が望ましいという結論になりましたが、債権管理
は、個別の事案によって最適な方法は異なります。適切な債権管理の方
法を選択するためには、以下の事項を意識する必要があります。

> **▶情報戦**
> 　・B 社の財産がどこにあるのかを見極める。
> 　・B 社の資力がいつまで維持できるのかを見極める。
> **▶スピード重視**
> 　・他の債権者に先んじて対応する。
> 　・B 社が財産を移動する前に対応する。
> **▶無理をしない**
> 　・弁護士に依頼しても無理強いはできないことを理解する。

時系列で考える債権管理①

4 リスクを軽減する契約締結準備段階のポイント

　債権管理は、契約締結交渉から紛争発生・解決までの時系列に沿って
整理するとイメージしやすく、迅速な対応も可能となります。
　4 ～ 6 にかけて、債権管理における時系列を示した図表 3-1 をもとに、
契約締結準備段階・契約締結段階・契約履行段階の各段階における留意
点を説明していきますが、ここでは、まず契約締結準備段階での留意点
を説明します。

図表 3-1　契約締結交渉～紛争発生までの流れ

| 契約締結準備段階 | 契約締結段階 | 契約履行段階 | 紛争の発生 | 紛争の解決 |

①契約締結準備段階　←
　・企業調査の実施

②契約締結段階
　・契約書の活用

③契約履行段階
　・債権管理

④紛争の発生
　・紛争発生の予兆の把握

　契約締結準備段階では、相手方の企業調査が重要となります。

　企業調査を怠った場合には、企業不祥事に巻き込まれたり、債権の不払いや債権管理の失敗（担保の設定不存在など）のおそれなどのリスクが想定されますので、コンプライアンス・債権管理の観点からも必須といえます。

　契約締結準備段階で行うべき企業調査の例として、以下の調査が考えられます。

▶**法人登記簿謄本の調査**：登記情報提供サービスで取得可能

▶**不動産登記簿謄本の調査**：登記情報提供サービスで取得可能

▶**インターネット上の調査**：相手方企業の HP や Facebook、Twitter、ブログなど

▶**業界新聞、業界雑誌等**

▶**調査報告書**：㈱帝国データバンク、㈱東京商工リサーチ等

時系列で考える債権管理②

5 予防法務を実現する契約締結段階のポイント

　ここでは、契約締結段階（図表 3-2 参照）における債権管理について
説明します。

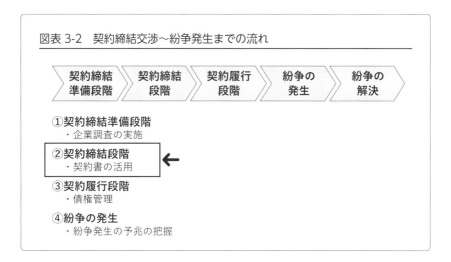

図表 3-2　契約締結交渉〜紛争発生までの流れ

契約締結準備段階 ▷ 契約締結段階 ▷ 契約履行段階 ▷ 紛争の発生 ▷ 紛争の解決

①契約締結準備段階
・企業調査の実施

②契約締結段階　←
・契約書の活用

③契約履行段階
・債権管理

④紛争の発生
・紛争発生の予兆の把握

　契約締結段階では、契約書によるリスク管理が重要です。

　そもそも契約とは、「2 人以上の複数の当事者の意思表示が合致する
ことによって成立する法律行為」と定義され、当事者間で「当事者の意
思表示が合致している（一方の独断ではない）こと」と「どのような法
律行為（法律効果が発生する）が行われるのか」を確認するために契約
書を作成することになります。

　債権管理の観点から見た契約書作成の目的は、「トラブルの防止」「リ
スクコントロール」「担保の設定」「証拠の作成」の 4 点に整理できます。
この 4 点を意識して契約書を作成・管理することによって、債権管理の
リスク管理は相当程度実施することが可能となります。

　契約書を有効に活用することが、「予防法務」の実現につながります。
契約書は、企業にとって「"楯"であると同時に"武器"でもある」と
いう意識をもって、契約書は積極的に作成・管理しましょう。

第3章　適時・適切な債権管理で経営の生命線を守る

6 契約書上の留意点がわかる契約履行段階のポイント

時系列で考える債権管理③

ここでは、契約履行段階（図表 3-3 を参照）における債権管理について説明します。

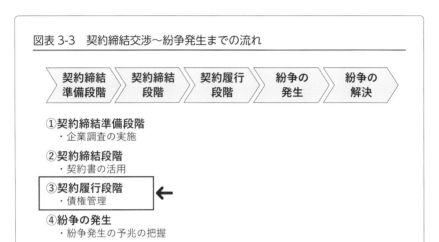

図表 3-3　契約締結交渉〜紛争発生までの流れ

契約締結
準備段階 ▷ 契約締結
段階 ▷ 契約履行
段階 ▷ 紛争の
発生 ▷ 紛争の
解決

①契約締結準備段階
　・企業調査の実施
②契約締結段階
　・契約書の活用
③契約履行段階　←
　・債権管理
④紛争の発生
　・紛争発生の予兆の把握

契約書を作成し、実際に契約書記載のとおり債権を回収しようとする場合には、当然のことながら契約自体が有効かどうかを確認する必要があります。

契約の有効性の判断にあたってはいくつも検討事項がありますが、少なくとも、以下の形式的な事項は事前にチェックしておく必要があります。

▶有効期限が切れていないか

▶適法な署名権限を有する者による署名捺印がなされているか

▶合併等で当事者に変更が生じていないか

また、契約書の形式面には問題はなくとも、以下のような契約の履行条件を満たしているかについても別途確認する必要があります。

▶履行時期の確認

▶同時履行の抗弁の有無

▶停止条件の有無

　なお、契約締結後に取引先との間で紛争に発展する場合、ある日突然紛争が表面化することは稀であり、通常、その前に紛争に発展する「予兆」が生じます。

　法務担当者としては、できる限り紛争自体が発生しないよう予防法務の拡充に務める必要がありますが、それでも紛争の発生を完全に防ぐことはできません。そこで、いち早く紛争発生の予兆を察知できるよう、契約履行段階において相手方に不自然な動きがあるかなどにも目を光らせ、紛争の発展・拡大を防止するように努めることも法務担当者の重要な役割となります。

紛争の発生・拡大を防ぐ①
7 紛争発生の予兆を察知することの重要性とは?

　紛争発生の予兆を事前に察知することの意義は、「紛争の"発生"防止」「紛争の"拡大"防止」「証拠の収集・保全」にあります。

◆ 紛争の発生を防止する

　紛争発生の予兆を察知することができれば、問題となっている契約(以下、「**原契約**」)の内容を再度確認し、原契約の内容を修正する旨の「覚書」等を取り交わすことなどによって、紛争の発生を予防できる可能性があります。

　「覚書」の締結等、原契約の修正にも相応の時間・コストを要しますが、紛争が発生した場合には、より多くの時間・コストを要することになります。可能な限り早期に紛争を解決し、紛争解決に要するコストを抑えるためには、原契約修正によって紛争の発生自体を未然に防ぐ必要があるのです。

◆ 紛争の拡大を防止する

　仮に紛争の発生自体は避けられないとしても、いち早く対策を講じることによって、紛争の拡大を防止することが期待できます。

　たとえば、売買契約において、取引先の経営状況が悪化し資力に問題が生じているにもかかわらず、安易に取引関係を継続し、商品を供給し続けた場合、後日取引先の経営が破綻し、売掛金の回収ができなくなる可能性があります。漫然と売買契約を継続してしまったことで、回収不能となる売掛金の金額が増え、自社の経営に支障を来たしてしまうということもありえます。

　このような深刻な事態に発展することのないよう、紛争の予兆を察知した場合には、できる限り早期に対策を講じ、紛争の拡大を防止する必要があります。

　この事例でいえば、取引先の経営状況が悪化しているという予兆を察知した場合、商品の販売数を調整したり、各取引における売買代金の支払時期を早めてもらうようにすることで、売掛金の回収が不能になるリスクをできる限り抑えるように対応していくことが考えられます。

◆ 紛争に備えて証拠を収集・保全する

　将来の紛争の発生は避けられない場合であっても、紛争発生の予兆を事前に察知することで、将来の紛争に備えた証拠の収集・保全を行うことが可能となります。

　たとえば、ソフトウェア開発委託契約の締結後に、受託者が開発した成果物が完成する前に、当該成果物の著作権の帰属に関する条項の解釈をめぐって受託者と対立が生じている場合には、受託者が、著作権の帰属について決着がつくまで契約内容に従った業務を遂行してくれない可能性があります。

　このように、契約条項の解釈をめぐって紛争に発展する予兆がある場合には、紛争に発展する前段階から、意識的に有利な証拠を収集・保全するように対応していく必要があります。この事例でいえば、仮にソフ

トウェア開発委託契約書上、成果物の著作権の帰属に関する条項そのものがなかったり、規定されていても委託者・受託者いずれに帰属するかが明確でない場合には、口頭でいくら議論しても立証することができずに水掛け論で終わってしまうため、意識的にメールやFAX等、記録として残る媒体で行うほか、場合によっては受託者の担当者に架電する際に電話録音を実施するなどの対策を講じ、契約書以外の証拠を収集する等の対応が考えられます。

　紛争に発展したとしても、事前に自社にとって有利な証拠を収集・保全することができれば、これらの証拠をもとに交渉を行うことで、早期に紛争が解決することも期待できます。

8 紛争の発生・拡大を防ぐ②
チェックリストを活用して、紛争発生の予兆を察知する

　紛争発生の可能性は、一般的に、安定段階（①）、要注意段階（②）、緊急段階（③）と、経時的に高まっていきます（図表3-4を参照）。

図表3-4　紛争発生の予兆

紛争発生の可能性は時系列に沿って高まっていく

安定段階　→　要注意段階　→　緊急段階

　企業と取引先との間で日常的な取引が継続的に行われている安定段階（①）であれば、まず問題はありませんが、徐々に支払いが遅滞していく要注意段階（②）、支払いやサービスの提供が停止する緊急段階（③）に進行するにつれて、紛争発生の可能性は高まっていきます。

　繰り返しになりますが、紛争発生の予兆は、できる限り早期の把握が重要となります。そこで、紛争発生の予兆の事前察知を可能とするためのチェックリスト（具体例として図表3-5を参照）の作成・活用をお勧

図表 3-5　紛争可能性チェックリスト

類型別	安定段階 （紛争の可能性が 低い段階）	要注意段階 （紛争発生の可能性が 高まっている段階）	緊急段階 （紛争発生を回避 できない段階）
判断 ポイント	□クレームもなく取引を継続している □契約に沿ったサービスが提供されている □期限までに支払いに応じる □営業を継続的に行っている形跡がある	□契約内容についてクレームが発生してくる □契約に沿ったサービスが提供されない □期限までに支払いが完了されない □営業を継続的に行っている様子がない □経営状況悪化の様子がみられる	□クレームが代理人（弁護士）名義で送付されてくる □サービスの提供が停止される □債務の支払いが停止される □経営している様子がない □経営状況が極めて悪化している
要因	□長期に及ぶ取引関係がある □自社以外の競合他社が存在しない □経営状況が安定している	□取引関係が短期間に過ぎない □競合他社の出現 □経営状況の悪化 　・主要な取引先の喪失・倒産 　・業界全体の不況 　・取引先の競合他社の出現 　・主力事業の失敗 　・製品事故等の発生 　・横領等の被害	□自社の競合他社への切り替え □経営状況の著しい悪化 　・事業全体の失敗 　・資金調達のショート 　・差押 　・従業員不在による事業継続の困難 　・不祥事によるレピュテーションリスクの顕在化
留意 事項	□安定段階から要注意段階への移行は不透明 □法務担当者は営業部・現場から情報を収集できる体制を構築する	□要注意段階に移行してからは、従前の取引履行を優先する □取引の継続・拡大の見直し・停止を検討する □これまでの交渉経過に関する証拠を整理する（メール、FAX、文書等） □弁護士への相談体制を構築する	□弁護士への依頼を検討する □法的手続への移行を含めた紛争の解決方法を検討する

めします。

　なお、図表 3-5 では、紛争が発生するリスクを整理するため、紛争発生の危険度を、上記でも触れた「安定段階（紛争発生の可能性が低い段階）」「要注意段階（紛争発生の可能性が高まっている段階）」「緊急段階

（紛争発生を回避できない段階）」の３つに分類しています。

こうしたチェックリストは法令やガイドライン等で規定されているものではありませんので、各企業や各取引類型に応じて適宜修正していく必要があります。また、図表3-5の時系列の３分類（安定段階／要注意段階／緊急段階）も、各企業や各取引類型によっては、より細分化することも考えられます。

9 紛争の発生・拡大を防ぐ③ 問題が生じやすい新規取引にあたっての留意点

債権管理のトラブルを防ぐためには、契約交渉時点（契約締結準備段階）から注意しておくことが望ましいということは既にお話したとおりですが、特に、債権管理の問題が生じやすいのは、新規取引の場面です。

そもそも、新規取引先の信用・資力は未知数です。したがって、高額の取引を行っている最中に新規取引先に何らかのトラブルが生じた場合、その後も問題なく支払いが可能かは、不明であるといわざるをえません。

なお、新規取引であるにもかかわらず相手方が高額な取引をもちかけてくる場合には、取り込み詐欺の手口である可能性も考えておく必要があります。

そこで、新規取引を開始する場合には、特に取引先の情報管理を徹底することを意識する必要があります。

取引先に警戒されることなく、その情報を最も取得しやすい時期は、やはり「平常時」です。平常時に取引先の事務所を訪問するなどすれば、従業員が何名くらい実働しているのか、また取引先の売掛先に関する情報等を入手できることもあります。

取引先の情報を取得する方法としては、**4**と重複しますが、以下の方法も考えられます。

- ▶**登記簿謄本の調査**：登記情報提供サービスで取得可能
- ▶**不動産登記簿謄本の調査**：登記情報提供サービスで取得可能
- ▶**インターネット上の調査**：HP、Facebook、Twitter、ブログなど
- ▶**業界新聞、業界雑誌等**
- ▶**調査報告書**：㈱帝国データバンク、㈱東京商工リサーチ等

　このように、債権管理の予防策としては事前の情報収集が重要です。

　そして、債権管理のリスクは、**9**で触れたとおり時系列に沿って高まっていくことを意識し、紛争発生の予兆・チェックリスト（**9**の図表 3-5 を参照）を活用するなど、アンテナを高く張って取引先の状況を確認するようにしましょう。

10 紛争の発生・拡大を防ぐ③ 契約書上に債権管理に有効な条項を設ける

　企業としては、契約書を活用することで、債権管理の予防策は、契約書の活用を通じて行うこともできます。

　ここでは、債権管理の予防策として、契約書に盛り込んでおくべき一般的な条項を紹介します。なお、実際の契約交渉では、ここで取り上げた条項以外にも債権管理を有効に行う上で必要な条項があることにはご留意ください。

◆ 期限の利益喪失条項

　「**期限の利益**」とは、債務者が、弁済期が到来するまでは債権者から返済請求を受けないという利益をいいます。そして、「**期限の利益喪失条項**」とは、債務者（契約の内容によっては連帯保証人）に一定の事由（**デフォルト事由**）が生じた場合に、こうした期限の利益を失わせ、債権者が直ちに貸付金全額の弁済を求めることができるようにする条項をいいます。

　この点、民法 137 条各号は、「債務者が破産手続開始の決定を受けた

とき」「債務者が担保を減失させ、損傷させ、又は減少させたとき」「債務者が担保を供する義務を負う場合において、これを供しないとき」の3つを債務者が期限の利益を主張できない場合として規定していますが、これらだけでは債権者に十分とはいえません。債権者にとっては、期限の利益喪失事由ができる限り多数列挙されている方が有利な内容といえます。

　なお、期限の利益喪失条項には、債権者の通知によって期限の利益を喪失させる場合と、債権者の通知がなくても、デフォルト事由が生じた場合には当然に期限の利益を喪失させる場合との2種類があり、債務者にデフォルト事由解消の機会を与えるのであれば前者を、影響が重大であったり債務履行の可能性が期待できない場合であれば後者を規定することが一般的です。

条項例

第●条（期限の利益喪失）
1　乙（債務者）は、本契約に定める条項に違反した場合、甲の書面による通知により、相手方に対する一切の債務について期限の利益を喪失し、直ちに甲に弁済するものとする。
2　乙について本条各号の事項の一つにでも該当する事由が生じたときは、何らの通知、催告がなくとも当然に、乙は一切の債務について期限の利益を喪失するものとし、直ちにその債務を弁済する。
　（1）支払の停止又は破産、民事再生、会社更生手続若しくは特別清算の申立てがあったとき
　（2）手形交換所の取引停止処分を受けたとき
　（3）仮差押、仮処分、強制執行若しくは任意競売の申立て又は滞納処分のあったとき
　（4）合併による消滅、資本の減少、営業の廃止・変更又は解散決議がなされたとき
　（5）資産、信用又は支払能力に重大な変更を生じたとき
　（6）その他、前各号に準ずる事態が生じたとき

◆ 契約解除条項

「**契約解除条項**」とは、一定の事由が生じた場合に、契約を解除できる場合を規定した条項をいいます。

債権者にとって有利な内容にするのであれば、当然に期限の利益を喪失する旨の条項を設定することや、解除できる条件として甲（債権者）の請求も不要とすることが考えられます。さらに、「本契約の全部又は一部を解除できる」と設定することで、甲（債権者）にとって都合のよい部分のみを残すことが可能となります。

条項例

第●条（契約解除）

1　甲は、以下の各号に規定する事由に該当した場合には、甲は何らの通知催告を要せず、直ちに本契約の全部又は一部を解除することができる。

(1) 乙が個別契約に基づく本件商品の代金の支払を行わないとき

(2) 乙が振り出し、引受、又は裏書した約束手形・為替手形・小切手が不渡りになったとき

(3) 乙が銀行取引停止処分を受けたとき

(4) 乙に対して、競売、差押、仮差押、又は仮処分の申立てがなされたとき

(5) 乙が破産手続開始、民事再生手続開始、会社更生手続、特別清算手続の開始の申し立てを行い、又はこれらの申し立てを受けたとき

(6) 乙の信用及び資力が悪化したと甲が認めたとき

(7) そのほか、本契約に定める各条項に違反したとき

2　前項に基づいて、本契約が解除されたときは、乙は、甲に対して、本契約の解除により甲が被った損害を賠償するものとする。

◆ 所有権留保特約

「**所有権留保**」とは、売主が売買代金を担保するため、代金が完済されるまで引渡しの終えた目的物の所有権を留保することをいいます。一般的には、債務者（乙）の支払いがなされない場合のリスクに備えて、

代金を完済するまでは、所有権を移転しないと定めることが考えられます。

　こうした所有権留保特約を設定することで、債務者（買主・乙）が代金を完済できない場合には商品の返却を求められるという圧力をかけることが可能となり、他の債権者よりも優先的に支払われる（回収可能性が高まる）ことが期待でき、債権管理を実現することが可能といえます。

条項例

第●条（所有権留保）
甲及び乙は、甲が乙に対して引渡した本件商品の所有者が、乙が甲に対して代金の全額を支払うまでは、全て甲に帰属することを確認する。

債権管理の方法①
11 相殺を効果的に活用した債権回収

　債権管理において、実質的に簡易迅速な債権の回収を実現する方法の1つとして、「相殺」が挙げられます。

　「相殺」とは、ある2人が互いに同種の目的の債務を負担している場合に、自己の相手方に対して有している債権と相手方に対して負担している債務とを対当額で消滅させる意思表示をいいます（民法505条以下。図表3-6も参照）。

　相殺にあたっては、「相殺適状にあること（双方の債権が相殺に適した状態にあること。具体的には、当事者双方が同種の債権を対立させており（①）、双方債権が弁済期にあり（②）、債権が相殺できるものであること（③）を満たすことが必要）」「相殺禁止にあたらないこと」「相殺の意思表示をすること」の要件を満たすことが必要です。これらの要件を充足すると、自己の相手方に対する債権（自働債権）と、相手方が自己に対して有している債権（受働債権）とを、対当額で消滅させることができます。

図表 3-6　相殺を活用した債権回収

【相殺の要件】
① 当事者双方が同種の債権を対立させていること
② 双方の債権が弁済期にあること
③ 債権が相殺できるものであること

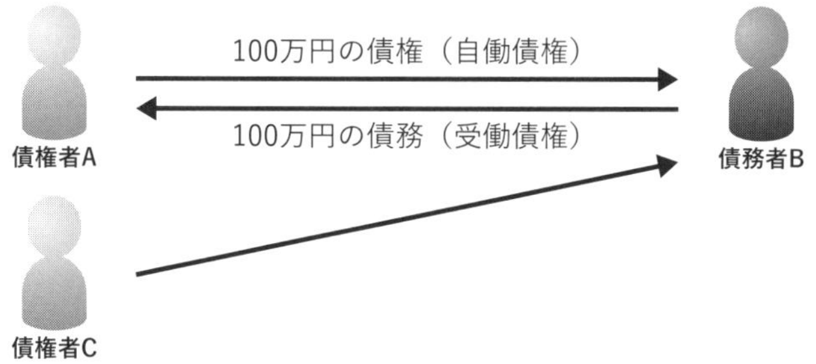

債権者A　　　100万円の債権（自働債権）　　　債務者B
　　　　　　　100万円の債務（受働債権）

債権者C

　相殺を利用することによって、債権者は、相殺の意思表示をするだけで実質的に債務者から債権を回収したことと同様の効果を得ることができます。これによって、他の債権者よりも優先して債務者に対する債権の回収を図ることが可能です（簡易迅速な決済の実現）。

　また、相殺適状を作出することによって、債務者からいつでも債権回収を図ることができる状態になるといえます（相殺の担保的効力）。

債権管理の方法②
12　回収コストや回収不能リスクを回避する債権譲渡

　「債権譲渡による債権管理」とは、自社が有する債権を第三者に売却することによって、実質的に債権回収を実現する方法をいいます（図表3-7 を参照）。

　債権者にとっての債権譲渡による債権管理のメリットは、債務者に対する回収のコストや、回収不能のリスクを回避することができる点にあり、デメリットは、譲渡対象の債権を割り引いて売却することになるという点にあります。

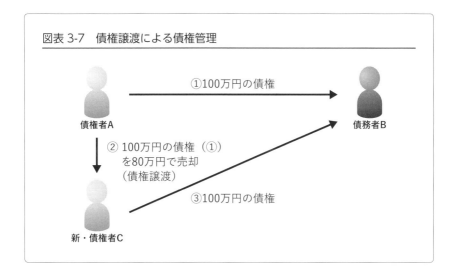

図表 3-7　債権譲渡による債権管理

①100万円の債権

債権者A

債務者B

② 100万円の債権（①）
を80万円で売却
（債権譲渡）

③100万円の債権

新・債権者C

　債権譲渡による債権管理を検討する際には、譲渡債権を割り引くことのコストと、回収コストや回収不能リスクを天秤にかけることになります。

13 債権管理の方法③
担保権（物的担保）を活用した債権管理

　債権管理の予防策として、担保権を設定するという方法も考えられます。

　担保権は、大きく分けて、「物的担保」「人的担保」に整理することができ、このうち物的担保は、「典型担保物権」と「非典型担保物権」に分類することができます（図表3-8の分類を参照）。

　物的担保の中でも、実務上よく活用される担保権として、「抵当権」が挙げられます。ここでは、抵当権を利用した債権管理について説明します。

　「抵当権」とは、債務の担保に供した物について他の債権者に先立って自己の債権の弁済を受ける権利をいいます（民法369条以下）。抵当権を利用した場合の効果として、以下の一例を挙げることができます。

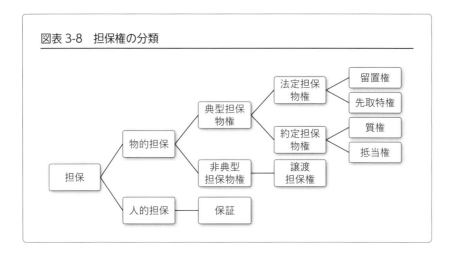

図表 3-8　担保権の分類

抵当権の活用例

　債権者（A）の債務者（B）に対する被担保債権 2,000 万円を担保する
ために、B 所有の不動産（時価 1,500 万円）に抵当権を設定する。
　→ 2,000 万円のうち、1,500 万円の債権管理の可能性を高めることが
　　可能

　抵当権の利用にあたっては、以下の 3 つのポイントに留意する必要が
あります。

① 担保に設定する不動産の選定

　抵当権は不動産に設定することになりますが、被担保債権の回収を図
ることができるだけの資産価値のある不動産かどうかを事前に確認する
必要があります。

② 最新の不動産登記簿謄本の取得・確認

　不動産自体の資産価値（①）に問題はないとしても、抵当権を設定す
る直前に、他の債権者から差押を受けてしまい、抵当権を設定しても優
先的に回収できなくなってしまう場合もありえます。このため、抵当権
設定契約を締結する直前に、再度最新の不動産登記簿謄本を取得し、他

の債権者から差押等を受けていないかを確認する必要があります。

③ 現地調査・物件調査

不動産登記簿謄本等の書類（**②**）上には問題がなかったとしても、実際には抵当権の対象となる不動産を第三者が占拠していたり、不法投棄等をされたりしている場合もありえますので、現地調査や物件調査を行っておくことが無難です。

債権管理の方法④
14 担保権（人的担保）を活用した債権管理

物的担保の活用（**13**を参照）以外に、人的担保を活用した債権管理法も考えられます。

人的担保は、保証人との間で保証契約を締結することが一般的ですが、保証契約を締結する場合には、以下の点に留意しなければなりません。

① 保証人と連帯保証人の違い

保証人には、保証人（民法446条以下）と連帯保証人（民法454条）の2種類があり、以下のような相違があります。

⑴ 催告の抗弁権（民法452条）の有無

「催告の抗弁権」とは、債権者が保証人に債務の履行を請求したときに、保証人が、まず主たる債務者に催告をなすべき旨を請求することができる権利をいいます。

連帯保証人には、この催告の抗弁権が認められないため、債権者から請求された場合には支払いに応じなければなりせん（民法454条）。

⑵ 検索の抗弁権（民法453条）の有無

「検索の抗弁権」とは、保証人が、債権者に対し、主たる債務者の財産につき執行をなすまで自己の保証債務の履行を拒むことができる権利をいいます。

連帯保証人には、この検索の抗弁権も認められないため、主債務者の資産の有無にかかわらず、債権者から請求された場合には支払いに

応じなければなりません（民法 454 条）。

こうした相違から、債権者としては、保証契約を締結する際には、連帯保証契約を締結したほうが有利といえます。

② 保証契約における書面の要否

なお、一般的には、契約は当事者間の意思表示の合致によって成立するため、書面は必要とされませんが（不要式契約）、保証契約では口頭の合意だけでは足りず、書面（契約書）がなければ契約の成立が認められません（民法 446 条 2 項）（要式契約）。

保証契約によって債権管理を行う場合には、契約書を忘れずに作成しなければなりません。

債権管理の方法⑤
15 紛争時に適切な債権管理方法を選択するには

これまでは、債権管理上のトラブルを回避するための方法を紹介してきましたが、ここでは、債務者からの支払いが滞った際など、既にトラブルが発生した際の債権管理の方法について説明します。

トラブル発生時の債権管理方法にはさまざまな種類があり、どの方法を選択するかはケース・バイ・ケースで判断することになりますが、典型的なものとして、以下の 8 種類を挙げることができます。

▶口頭による催促

「口頭による催促」は、債権者から債務者に対し、面談や電話で未払債権の支払いを求める手続です。

▶請求書の送付

「請求書の送付」は、債権者から債務者に対し、未払債権の支払いを求める旨の書面を作成・送付する手続です。

▶内容証明郵便

「内容証明郵便」は、債権者から債務者に対し、未払債権の支払いを求める旨の書面を作成・送付する手続である点は請求書の送付と共通し

ますが、請求内容を証拠化できる点が異なります。

▶支払督促

「支払督促」とは、金銭、有価証券、その他の代替物の給付に係る請求について、債権者の申立てにより、その主張から請求に理由があると認められる場合に、支払督促を発する手続をいいます。

▶少額訴訟

「少額訴訟」とは、民事訴訟のうち、60万円以下の金銭の支払いを求める訴えについて、原則として1回の審理で紛争解決を図る手続です。

▶通常訴訟

「通常訴訟」とは、個人の間の法的な紛争、主として財産権に関する紛争の解決を求める訴訟をいいます。

▶民事保全

「民事保全」とは、民事訴訟の本案の権利の実現を保全するために行う仮差押や仮処分の裁判上の手続をいいます。

将来の訴訟を予定した付随的な手続ですが、訴え提起前に申立てが可能である上（密行性）、申立てには厳格な証明まで要求されず（「疎明」で足りる）、迅速に手続を進めることができます。

仮差押が認められることによって、債務者の預貯金等の財産を押さえることが可能となり、早期の債権回収の実現も期待できる、強力な解決方法の1つです。

▶強制執行

「強制執行」とは、国家機関が関与して、債権者の給付請求権の内容を強制的に実現する制度をいいます。

債権管理の方法⑥
16 訴訟の流れを理解して、債権管理に役立てる

債権管理を実現する方法の1つとして、訴訟手続が挙げられます。ここでは、通常訴訟の手続の流れを紹介します（図表3-9も参照）。

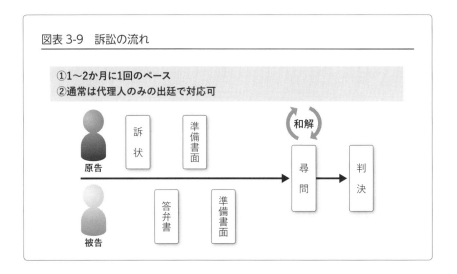

図表3-9　訴訟の流れ

①1〜2か月に1回のペース
②通常は代理人のみの出廷で対応可

原告　訴状　準備書面　和解　尋問　判決

被告　答弁書　準備書面

　訴訟の提起にあたっては、訴状を裁判所に提出することになります。

　第1回口頭弁論期日では、訴状および答弁書の陳述が行われた後で、次回期日の指定がなされ、第2回期日以降は、各争点に関する主張・立証を当事者双方で行って進めていくことになります。

　各期日は、概ね1〜2か月に1回の頻度で行われ、各期日において争点に関する主張・立証が整理され、十分に争点整理が行われた段階で証人尋問が行われます。

　なお、訴訟の進行状況に応じて、裁判所から和解が提案されることがあります。

　訴訟の終了方法には、「判決」と「和解」の2種類があります。

　判決は、裁判所による判断によって終局的な解決を得る手続です。判決に至る前に、それまでの訴訟における主張・立証の状況を見て、裁判所から和解を打診されることがあります。その際には、判決に至った場合のメリットとデメリットを比較し、和解による解決か、判決による解決のいずれを選択するかを検討する必要があります。

　判決による解決を選択した場合、控訴審についても視野に入れておく必要があります。控訴期間は判決書の送達を受けた日から2週間と定め

られていますが、判決書が届いてからの対応では、控訴の準備が間に合わなくなるおそれがあります（特に、社内調整が必要な事案では、2週間以内で意思統一を図ることが難しいことも少なくありません）。このような場合には、1審判決の内容について、全部勝訴、一部勝訴、全部敗訴の3つのケースをあらかじめ想定しておき、それぞれのケースにおける対応を事前に検討しておくことが望ましいといえます。

　一方で、和解による解決は、判決では得ることができない内容（謝罪条項や紛争再発防止に向けた取り組みを約束する旨の条項等）を獲得することも期待できる点がメリットとして挙げられます。また、判決と異なり、上訴審まで紛争が継続することはなくなるため、早期解決を実現することが可能となります。

　和解は双方が譲歩することになるため、一方当事者の主張がすべて認められるわけではありませんが、和解特有のメリットを踏まえ、積極的な活用が望ましいといえます。

債権管理の方法⑦
17 民事保全手続を活用した債権管理

　このほか、債権管理を実現する方法として、民事保全が挙げられます。

　保全処分には、民事訴訟の本案の権利を保全するための「仮差押」と、本案の権利関係について仮の地位を定める「仮処分」があります。それぞれ、以下で説明します。

◆ 仮差押命令申立

　「仮差押」とは、金銭債権の執行を保全するために、債務者の財産をあらかじめ仮に差し押さえる裁判所の決定をいいます。

　訴訟を行っている最中に、相手方が資産を隠したり、散逸したりすれば、最終的に勝訴しても、回収ができなくなるおそれがあります。そこで、訴訟提起前に仮差押命令を申し立て、債務者の預貯金や売掛金等を差し押さえ、債権管理の実効性を担保する必要があります。

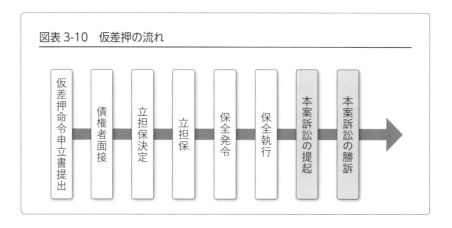

図表 3-10　仮差押の流れ

仮差押命令申立書提出 → 債権者面接 → 立担保決定 → 立担保 → 保全発令 → 保全執行 → 本案訴訟の提起 → 本案訴訟の勝訴

　大まかな流れは図表3-10のとおりですが、まず、仮差押の申立てにあたっては、「仮差押命令申立書」を管轄である「本案の管轄裁判所」または「仮に差し押さえるべき物若しくは係争物の所在地を管轄する地方裁判所」に提出します（民事保全法12条1項）。

　仮差押命令申立事件では、密行性が重視され、口頭弁論は行われず、書面審理のほか、必要に応じて債権者面接が行われますが、債務者の面接は行われない傾向にあります。債権者面接の結果、裁判所が仮差押命令の発令を相当と判断すると、担保決定がされることになります。

　担保金の額については明確な基準はありませんが、被保全債権の10〜30％とされる傾向にあります。

　なお、仮差押は、債務者に与える影響が大きいため、保全の必要性は慎重に判断される傾向にあり、保全の必要性が認められない等の理由で、仮差押命令が認められないこともありえます。

◆ 仮処分申立

　「仮処分」とは、紛争により生じている現在の危険や負担を取り除くために、本案訴訟の判決が確定するまでの間について、裁判所に暫定的な措置を求める手続をいい、係争物に関する仮処分（処分禁止の仮処分／占有移転禁止の仮処分）と、仮の地位を定める仮処分の2種類があります。

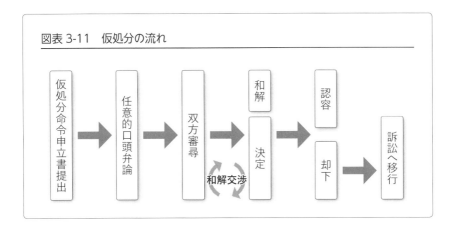

図表 3-11　仮処分の流れ

仮処分命令申立書提出 → 任意的口頭弁論 → 双方審尋 →（和解交渉）→ 和解／決定 → 認容／却下 → 訴訟へ移行

　大まかな流れは図表 3-11 のとおりですが、まずは「仮処分命令申立書」を、管轄である「本案の管轄裁判所」または「仮に差し押さえるべき物若しくは係争物の所在地を管轄する地方裁判所」に提出します（民事保全法 12 条 1 項）。

　仮処分命令申立事件では、仮差押命令申立事件とは異なり、債権者のみならず債務者の双方を面接する手続（双方審尋）を経なければ仮処分命令を発することができないという運用をされる傾向にあります。

　審尋の方法については特段の制限はなく、裁判所が適当と認める方法によって行われます。債権者と債務者が交互または同時に裁判官と面接して口頭で説明することもあれば、交互に書面を提出しあうこともあります。

　双方審尋が行われた後、裁判所から和解の勧告がされることがあります。

　裁判所の和解勧告の結果、仮処分命令申立事件のみならず、請求債権自体に関する和解が成立し、終局的な解決に至ることもありますが、和解が成立せずに本案訴訟まで発展してしまうこともあります。

第 **4** 章

会社法を理解し、適切な
会社運営を行うには

1 ベンチャー起業に合う法人形態（非公開中小会社）とは？

　起業の際には、自社の性質に合う法人形態を選択しなければなりません。

　皆様に最も馴染みのある法人形態といえば「株式会社」かと思いますが、その「株式会社」にも、さまざまな種類があります。ここでは、ベンチャー企業を起業しようと考えるある経営者からの相談事例をもとに、株式会社（非公開会社）の種類について見ていきましょう。

相談事例

　X氏は、株式会社形態でベンチャー企業を立ち上げようと考えている。
　株式はすべて譲渡制限をつける予定だが、取締役会や監査役会の設置の要否をはじめ、いわゆる非公開かつ中小会社が会社法上とりうる機関設計にはどのようなものがあるのだろうか。

　株式会社は、まず「公開会社」と「非公開会社」に分けられます。「公開会社」とは、発行する株式のごく一部であっても定款で譲渡制限を定めていない会社をいい（会社法2条5号）、「非公開会社」とは、発行する株式のすべてに譲渡制限のある会社をいいます。

　また、「中小会社」とは、会社法上明確な定義はありませんが、会社法上の「大会社」以外の会社を指すとされています。「大会社」とは、最終事業年度の貸借対照表上に計上された資本金の額が5億円以上、または負債の額が200億円以上である会社をいう（会社法2条6号）ため、資本金5億円未満かつ負債200億円未満の会社が中小会社に該当します（なお、「中小企業者」の定義については、中小企業基本法2条を参照）。

　以上をまとめると、相談事例の「非公開中小会社」とは、発行する株式すべてに譲渡制限のある、資本金5億円未満かつ負債200億円未満の会社、ということができます。

非公開中小会社については、株主総会および取締役の設置のみが義務づけられています（会社法326条1項）が、取締役会の設置も原則として任意とされており（同条2項）、柔軟な機関設計が可能です。このように、会社法は、機構が簡素な非公開中小会社を株式会社の基本形として規定しており、機関設計等に関して幅広い定款自治を許容する一方、大会社や公開会社についてその特則を定めるという組み立てになっています。

　さて、非公開中小会社において採用できる機関設計は、以下の10パターンに整理することができます。

▶**取締役**

▶**取締役＋監査役**

▶**取締役＋監査役＋会計監査人**

▶**取締役会＋監査役**

▶**取締役会＋会計参与**

▶**取締役会＋監査役会**

▶**取締役会＋監査役＋会計監査人**

▶**取締役会＋監査役会＋会計監査人**

▶**取締役会＋監査等委員会＋会計監査人**

▶**取締役会＋指名委員会・監査委員会・報酬委員会＋会計監査人**

※1 株主総会については省略
※2 会計参与（取締役と共同して計算書類等を作成する会社の機関）は、すべての機関設計において任意に設置することができる

　なお、取締役会の設置は、経営の機動性と適正性を高める一方、株主総会の権限が弱まり、会社の所有者である株主の意思が直接会社に反映されにくくなるというデメリットがあり、監査役・監査役会の設置は、業務執行機関から独立した専門家による経営陣の監査が可能となる一方、人員確保の問題やそのコスト負担が生じるというデメリットがあります。

また、会計監査人の設置は、計算書類等の信頼性が高まり、融資等の資金調達を行いやすくなるとともに、「会計監査人設置会社」となり一定の要件を満たした場合には、剰余金の配当等を取締役会決議のみで行うことが可能となるといったメリットがある一方で、監査役・監査等委員会・指名委員会等の設置が義務づけられることに伴う人員確保の問題やそのコスト負担が生じるといったデメリットがあります。

　こうしたそれぞれのメリット・デメリットを比較衡量した上で、自社に適した形式を選択することになります。

2 ベンチャー起業に合う法人形態（合同会社）とは?

会社法上の機関設計を理解する②

　会社形態には、「株式会社」のほかに、「合名会社」「合資会社」「合同会社」があります。1の相談事例では株式会社（非公開中小会社）を取り上げましたが、ベンチャー企業の起業に適した法人形態として、「合同会社」があります。以下の相談事例をもとに、合同会社や、株式会社との違いについて見ていきましょう。

> **相談事例**
>
> 　X氏は、友人Y氏とともに新規ビジネスを始めようと、会社の設立を検討しているが、ベンチャービジネスを起業するにあたり、どのような会社形態を採用すべきか見当がつかず、悩んでいる。

　ベンチャー企業などの小規模な事業をスタートする場合、最初期段階は少人数でのスタートとならざるをえず、また、資金にも余裕がないため、できる限り設立コストを抑えつつ、柔軟な機関設計を採用しなければなりません。

　加えて、仮にビジネスが失敗に終わったとしても、出資者が出資の範囲を超えて無限に責任を追及されることがないよう、出資の範囲でしか責任を負わない（＝有限責任）ことが担保されている必要があります。

こうしたことから、ベンチャー企業の設立に際しては、一般的には有限責任であることが担保されている「株式会社」と「合同会社」のどちらかが採用される傾向にあります。

　「株式会社」は、有限責任の範囲内で出資した出資者等によって構成される会社形態であり、会社の所有者（出資者＝株主）と経営者（取締役＝社長）は分離していることが特徴の1つです。もっとも、ベンチャーで採用される株式会社では、株主と取締役が同一人物になっていることがほとんどです。

　株式会社は社会的認知度が高く、間接有限責任であるというメリットがありますが、合同会社に比べると、「設立時に要する登録免許税が高い」「機関設計が緩和されたとはいえ会社法上の制約を受ける」「役員の任期が決められており定期的に改選が必要になる」「決算公告が必要になる」といったデメリットがあります。とはいえ、平成30（2018）年度に新たに設立された会社のうち、株式会社形態を採用した会社は約8万7000件、合同会社形態を採用した会社は約2万8940件である[1]ことからすると、設立時のコスト負担や機関設計上の負担があるものの、依然として株式会社形態を採用するケースが主流といえます。

　一方、「合同会社」は、会社法で新たに設立が認められた持分会社の一形態であり、社員は全員、有限責任社員で構成され、社員の責任範囲は出資額に限定されます。また、定款に定めれば出資金の比率に関係なく利益の分配比率が自由に決められるため、出資比率が小さくても会社への貢献度合いが高かった社員に出資比率以上の利益を配当することが可能です。

　このように、合同会社は、設立時のコストが低額で済み、また、運営に際しても機関設計が自由で役員の改選も義務づけられておらず、決算公告も不要であるなど、融通が利くため、スモールビジネスとして運営していく観点からは最適な会社形態ということができます。

　こうした合同会社形態を選択した企業には、Apple Japanのような大

---

[1]　https://www.tsr-net.co.jp/news/analysis/20190514-04.html

規模な企業もありますが、一般的には、株式会社に比べて社会的知名度が低いというデメリットがあります。ただし、合同会社から株式会社への変更もできることから、まずは合同会社で小さく軽くスタートし、事業が軌道に乗ったら株式会社へ移行するという選択も可能です。

　以上から、株式会社形態と合同会社形態のメリット・デメリットやポイントを整理すると、図表4-1・図表4-2のようになります。

　会社の設立にあたっては、こうした違いをよく理解した上で、自社や自社のビジネスに合った会社形態を選択する必要があります。

図表 4-1　会社形態によるスタートアップにおけるメリット・デメリット

株式会社	メリット	・株主（出資者）全員が出資の範囲内でしか責任を負わない（間接有限責任） ・社会的知名度が高い ・1名でも設立が可能
	デメリット	・会社設立時のコストが合同会社より高い（約26万円） ・株主総会、1名以上の取締役が必要 ・毎年の決算公告が必要（情報開示義務および開示コスト負担） ・役員の任期があり、改選が必要
合同会社	メリット	・社員（出資者）全員が出資の範囲内でしか責任を負わない（間接有限責任） ・会社設立時のコストが低い（約10〜12万円） ・1名でも設立可能 ・株主総会や取締役も不要で、会社の内部設計が自由 ・決算公告が不要 ・役員の任期がない
	デメリット	・社会的知名度が低い ・社員同士での意見対立が生じた場合、会社としての意思決定がストップするおそれがある ・出資額に関係なく利益配分ができるため、利益配分について不満が出た場合、社内対立が生じやすい

図表4-2　株式会社形態と合同会社形態の比較

	株式会社 （譲渡制限会社を前提）	合同会社
法人格の有無	あり	あり
出資者の人数	1名以上	1名以上
出資者の責任	間接有限責任	間接有限責任
設立コスト	高い（約26万円）	低い（約10～12万円）
機関設計	株主総会および取締役 1名以上が必要	制約なし
役員の任期	あり（改選が必要）	なし（改選不要）
決算公告	必要	不要
利益配分	株式数に応じて配分	定款で自由に定められる
社会的知名度	高い	低い

会社法上の機関設計を理解する③

3 「子会社」の範囲とは？

　「子会社」や「グループ会社」の範囲に迷う場面は、実は少なくありません。以下の相談事例をもとに、その定義や判断基準について見ていきましょう。

相談事例

　A社は、B社の議決権の45％を所有し、Y社取締役会について、その過半数の取締役を送り込んでいるが、会社法上の「子会社」とは、議決権の50％超を所有している会社しか該当しないのか。

　会社法上、「子会社」とは、「会社がその総株主の議決権の過半数を有する株式会社」および「その他の当該会社（または会社以外の者）がその経営を支配している法人として法務省令で定めるもの」の2種類をいいます（会社法2条3号、2条3号の2）。

　前者は、会社法の文言どおり、親会社によってその総株主の議決権の

過半数（＝50％超）を取得されている株式会社をいいますが、後者は、会社法施行規則（法務省令）で規定されており、親会社等（その子会社等を含む）によって「財務及び事業の方針の決定を支配」されている株式会社をいい（会社法施行規則3条1項、3条の2）、特に後者については、どのような場合に親会社が「財務及び事業の方針の決定を支配」しているといえるのかが問題となります。この判断基準については、以下のように会社法施行規則に親会社等が保有する議決権数の割合に応じて規定されています（会社法施行規則3条3項各号、3条の2）。

① 親会社等の議決権数の割合が50％超

② 親会社等の議決権数の割合が40％以上であり、かつ以下のいずれかに該当

　⑴ 自己所有等議決権数*の割合が50％超

　⑵ 派遣されている取締役会等の構成員数の割合が50％超

　⑶ 重要な財務および事業の方針の決定を支配する契約等が存在する

　⑷ 資金調達の総額に対する融資額の割合が50％超

　⑸ その他、財務および事業の方針の決定を支配していることが推測される事実が存在する

③ 親会社等の議決権数の割合が40％未満であり、かつ以下のいずれかに該当するもの

　⑴ 自己所有等議決権数*の割合が50％超

　⑵ 派遣されている取締役会等の構成員数の割合が50％超

　⑶ 重要な財務および事業の方針の決定を支配する契約等が存在する

　⑷ 資金調達の総額に対する融資額の割合が50％超

　⑸ その他、財務および事業の方針の決定を支配していることが推測される事実が存在する

　　*「自己所有等議決権数」とは、以下の❶＋❷＋❸の合計数をいう
　　❶ 自己の計算で所有

❷取引関係等により自己の意思と同一の内容の議決権を行使すると認められる者が所有
❸ 自己の意思と同一の内容の議決権行使に同意している者の所有

　以上を整理すると、相談事例では、A 社は B 社の議決権数の 40％以上を取得しており、かつ、Y 社取締役会についてその過半数の取締役を派遣していますので、上記の② (2) （会社法施行規則 3 条 3 項 2 号ロ）に該当し、X 社は Y 社の「経営を支配している法人」といえ、Y 社は X 社の「子会社」に該当することになります。

会社法上の機関設計を理解する④

4 公開会社／非公開会社、上場会社／大会社の違い

　株式会社に「公開会社」と「非公開会社」があることは **1** で既に触れましたが、このほかにも、「大会社」や「上場会社」など、会社法には、判断に迷う用語が多くあります。以下の相談事例をもとに、こうした用語の定義について見ていきましょう。

> ― **相談事例** ―
>
> 　いわゆる中小企業として事業を営む自動車部品の下請けメーカーである A 社は、あるとき会社法関係のトラブルに遭った。そこで会社法の規定を確認したところ、「公開会社」「非公開会社」「大会社」といった難解な用語が並んでいた。

　1 の繰り返しになりますが、「公開会社」とは、発行する株式のどれか一部についてであっても定款で譲渡制限を定めていない会社をいい（会社法 2 条 5 号）、「非公開会社」とは、発行する株式すべてについて譲渡制限のある会社をいいます。非公開会社は、所有と経営が必ずしも分離しておらず、経営の閉鎖性が認められることから、取締役会の設置が原則任意とされていたり（会社法 326 条）、株主総会招集通知の発送

期限が公開会社の場合よりも短縮されているなど、定款自治が広範に認められ、所有者である株主による経営への関与が柔軟に認められているという点で違いがあります。

「上場会社」については、会社法上特段の定義はありませんが、一般に「上場会社」とは、金融商品取引所に株式を公開している会社のことをいいます。前述のとおり、公開会社は発行する株式の一部についてであっても譲渡制限のない会社をいいますので、上場会社と公開会社とはイコール関係にはなりません。上場会社であれば必ず公開会社ですが、公開会社は必ずしも上場会社であるとは限らないのです。たとえば、上場のために株式の譲渡制限を外して公開会社となったものの、上場前であれば公開会社であっても上場会社ではない（＝公開会社かつ非上場会社）こととなります。

なお、大規模な非上場会社は多数存在しており、上場か非上場かは企業規模とは直接の関係はありません。

そして、「大会社」とは、こちらも1の繰り返しとなりますが、最終事業年度に係る貸借対照表上に計上された資本金の額が5億円以上、または負債の額が200億円以上である会社をいいます（会社法2条6号）。

日本の会社の多数を占める中小企業は、非公開会社であり、かつ大会社に該当しないものが通常であることから、会社法上の機関設計も「非公開会社」かつ非「大会社」を基本型としつつ、「大会社」「公開会社」にはその特則を定めることとしています。大会社は、一般に規模が大きく、株主や債権者等の利害関係者も多数に上るため、こうした利害関係社を保護すべく、以下のような特別の義務が課されています。

▶ 会計監査人の設置義務（会社法328条1項、2項）
▶ （公開会社である場合）監査役会、監査等委員会または指名委員会等の設置義務（会社法328条1項）
▶ 内部統制組織の整備義務（会社法348条4項、362条5項）
▶ （有価証券報告書提出会社の場合）連結計算書類の作成義務（会社

法 444 条 3 項）

株式会社の運営を理解する①

5 「種類株式」とは?

　株式会社が発効する株式には、会社の運営について賛否を主張できる議決権や余剰金の配当の権利が付与されています。

　これらの権利について、優劣をつけることは可能なのでしょうか。以下の相談事例をもとに見ていきましょう。

相談事例

　A 社では、自社に友好的な株主に対しては 1 株で 1 議決権を有する株式を発行するとともに、それ以外の株主に対しては議決権の保有割合を薄めるべく、10 株で 1 議決権の株式を発行することを検討しているが、そもそも、このように単元株式数だけを変えた 2 種類の種類株式を発行することは可能だろうか。

　単元株式数だけを変えた種類株式の発行ができないのであれば、剰余金の配当について優劣を規定した 2 種類の種類株式を発行した上で、一方の単元株式数を 1 とし、他方を 10 とする種類株式を発行することは可能なのだろうか。

　「種類株式」とは、会社法の定める一定の事項について権利内容の異なる株式として発行が認められた株式をいいます（会社法 107 条、108条）。この「一定の事項」とは、会社法に定められており（会社法 108条 1 項各号）、明文の規定がある場合（会社法 164 条 1 項、322 条 2 項等）を除いて、それ以外の事項について権利内容の異なる株式は認められていません。

　会社法上規定されている「一定の事項」とは、以下のとおりです（会社法 108 条 1 項各号）。

▶**優先株式・劣後株式**：剰余金の配当または残余財産の分配について

第4章 会社法を理解し、適切な会社運営を行うには

異なる定めをしたもの

- ▶**議決権制限株式**：株主総会において議決権を行使することができる事項について異なる定めをしたもの
- ▶**譲渡制限種類株式**：譲渡による株式の取得について会社の承認を要するもの
- ▶**取得請求権付種類株式**：株主が会社に対してその取得を請求することができるもの
- ▶**取得条項付種類株式**：会社が一定の事由が生じたことを条件として株式を取得することができるもの
- ▶**全部取得条項付種類株式**：会社が株主総会の特別決議によって当該種類株式全部を取得することができるもの
- ▶**拒否権付種類株式**：株主総会において決議すべき事項のうち、当該決議のほか、この種類の株式の種類株主を構成員とする種類株主総会の決議があることを必要とするもの
- ▶**役員選任権付種類株式**：この種類の株式の種類株主を構成員とする種類株主総会において取締役又は監査役を選任することができるもの

　相談事例にある「10 株で 1 つの議決権を付与する株式」のように、単元株式数のみ異なる内容の株式を種類株式として発行することは、上記の「一定の事項」に該当せず、認められていません。

　このような 1 株に複数の議決権を付与するといった定め方をされた株式は「複数議決権株式」といいますが、このような株式の発行を認めると、企業価値に比例する財産的権利の保有割合の低いものが会社の支配権を獲得することが可能となってしまいます。こうしたことから、複数議決権株式の発行は否定されているのです。

　もっとも、種類株式発行会社が単元株制度を採用する場合、単元の数は種類株式ごとに定めることができるため（会社法 188 条 3 項）、剰余金の配当について優劣のある種類株式を発行し、一方の単元株式数を 1 とし、他方を 10 とするといったことによって、事実上、複数議決権株

式を発行したのと同様の結果を達成することが可能となります（疑似複数議決権株式）。そして、会社法の解釈として、このような疑似複数議決権株式も適法と解されています。

ただし、このような株式を発行する必要性を合理的に説明できない場合は、当該株主による議決権の行使は、株主総会決議取消事由該当性において一事由として考慮されるべきとされているので、注意が必要です。

株式の運営を理解する②

6 自己株式を取得するには

株式会社が、自社が発効する株式（自己株式）を取得することは許されるのでしょうか。以下の相談事例をもとに見ていきましょう。

相談事例

　非上場会社Aは、創業家であるXから、会社経営にこれ以上関与したくないため、Xの保有する株式のすべてを買い取ってもらいたいとの意向を受けた。

　A社としてはXから株式を買い取ることに異存はないが、自社の株式をXとの合意によって取得することはそもそも可能なのだろうか。また、適切に取得するにはどのような方法があるのだろうか。

従来（平成13（2001）年の商法改正前）、自己株式の取得は、実質的に株主に対する出資の払い戻しであり、会社債権者を害するおそれがあるなどとして、原則として禁止されていました。ところが、余剰資金を抱える会社においては、当該余剰資金を株主へ返却し、また、自己株式を取得することによって発行済株式総数を減少させ、1株あたり利益を向上させることなどを通じて株価を上昇させることが可能となることから、平成13年の商法改正により、原則と例外が逆転し、自己株式の取得が認められることとなりました。

とはいえ、現在の会社法は、会社が自己株式を取得できる場合を以下

のように限定しています(会社法155条各号、会社法施行規則27条3号・4号・6号・7号)。

① 株主との合意による取得
② 法令・定款の定めに基づく株主の請求による取得
③ 法令・定款の定めによる強制取得
④ 合併の消滅会社が保有する存続会社株式を、存続会社として承継する等の組織再編行為による取得
⑤ 他の会社の株式等を有するときに、当該他の会社が組織再編行為等を行う際に交付を受ける形での取得

　これらのうち、①の株主との合意による取得が最も基本的な自己株式取得事由といえますが、その方法も、会社法と金融商品取引法に規定されています。具体的には、以下の4つです（会社法156条、160条、165条、金商法27条の22の2）。

❶ 全株主に申込みの機会を与える方法による取得
❷ 特定の株主からの取得
❸ 市場において行う取引による取得
❹ 公開買付による取得

　このうち、原則形態といえるのが❶であり、「ミニ公開買付」と呼ばれています。対象株式が非上場株式か上場株式かでも選択できる手法が異なり、その概要は図表4-3のとおりです。
　相談事例のXとの合意による自己株式の取得は、会社法155条3号により認められていますが、対象株式が非上場株式ですので、全株主に申込みの機会を与える方法による取得（❶）か、特定の株主からの取得（❷）のいずれかによることとなります。❶❷のどちらの方法であっても構いませんが、❷では株主総会の特別決議が必要となるなど、要件が加重されていることには注意が必要です。

図表 4-3　自己株式の取得方法

取得方法	対象株式	必要な手続等
❶全株主からの取得	非上場株式のみ	株主総会普通決議（定款で排除できる場合あり） ・全株主に申込みの機会を与える必要がある
❷特定の株主からの取得	非上場／上場株式	株主総会特別決議（緩和不可） ・「特定の株主」以外の株主に対して、原則として売主追加請求権がある ・上場株式についても、金融商品取引法上の公開買付規制の適用はない
❸市場取引による取得	上場株式	・定款の授権により取締役会で決議が可能 ・株主に対する通知・公告は不要
❹公開買付による取得	上場株式	・定款の授権により取締役会で決議が可能 ・金融商品取引法上の公開買付規制の適用がある

株式会社の運営を理解する③

7　書面投票制度における「棄権」の効果

　株主総会において、より多くの株主に議決権を行使してもらえるよう、書面による議決権の行使（書面投票制度）を採用している企業は少なくありません。

　この書面投票制度において、「棄権」という意思表示を株主から受けた場合、企業はどの票をどのように扱う必要があるのでしょうか。以下の相談事例をもとに考えてみましょう。

相談事例

　株主総会における議決権行使の方法として書面投票制度を採用しているA社では、各議案への賛否欄には、「賛成」「反対」の2種類の選択肢のみを設け、各株主からはいずれかを記載した議決権行使書面を受け取っていたところ、ある大株主から、議決権行使書面に「棄権」と記載された書面が送られてきた。

　この「棄権」票は、株主総会に参加する意思もなかったものとして定足数に含める必要はないのか。また、株主総会の現場で動議がなされた場合、「棄権」した株主については、動議について欠席したものとして扱っ

てよいのか。

　株主が 1,000 人以上いる会社は、株主総会の開催にあたって、株主総会に出席しない株主が書面によって議決権行使できるよう定めなければなりません（会社法 298 条 2 項）。なお、会社の株主が 1,000 人未満であっても、自主的に書面での議決権行使を定めることは可能です（会社法298 条 1 項 3 号。以下「書面投票制度」）。

　書面投票制度を採用した場合、会社は、株主総会の招集通知に際して、株主に株主総会参考書類と議決権行使書面を交付します（会社法 301 条1 項）が、その議決権行使書面には、議案ごとに株主が賛否を記載する欄を設けなければなりません（会社法施行規則 66 条 1 項 1 号。実務上は、議案ごとに「賛」「否」のいずれか一方を○で囲むという形式のものが多い）。

　このとき、賛否欄のほかに「棄権」の欄を設けることも認められています（同号括弧書）が、企業側が「棄権」の欄を設けなかったとしても、株主総会決議取消の訴えにおける取消事由とはならないと解されています（大阪地裁平成 13 年 2 月 28 日判決・金判 1114 号 21 頁）。そして、「棄権」欄の有無にかかわらず、「棄権」と記載された場合には、出席数議決権数（定足数）に算入しつつ、賛成には含めない（「反対」と同様の効果）こととされています。

　この点、「賛成」「反対」「棄権」いずれの記載もない書面が提出された場合、会社は、各議案について賛成・反対・棄権いずれかの意思表示があったものとして取り扱う旨（「賛否の記載がないときは、会社提案の議案については賛成、株主提案の議案については反対として取り扱う」（札幌高裁平成 9 年 1 月 28 日判決（平成 8 年（ネ）148 号））などの記載）を、議決権行使書面に記載することが認められています（会社法施行規則 66 条 1 項 2 号）。

　なお、株主総会においては、あらかじめ招集通知に記載された議題についての審議・採決が行われるだけでなく、株主総会の当日、その場で

株主の提案によって審議・採決が行われる、いわゆる「動議」がなされる場合があります。

　動議には、総会運営・議事進行に関する「手続的動議」（休憩や質疑打ち切りなど）と、総会の議題や議案に関する「修正動議」（役員選任議案に対する候補者の変更提案など）の2種類に分類されますが、後者の修正動議は、議案提出権（会社法304条）により、原則として株主総会での審議・採決が必要となります（＝付議）。

　手続的動議については、実際に出席していない株主に対して株主総会前に当該動議に意思決定するための資料を与えられていないため、書面投票の内容にかかわらず「欠席扱い」（出席数議決権数にも含めない）とされていますが、修正動議については、書面投票を行った株主を欠席扱いにすると、実際に出席しているわずかな株主によって決議されてしまうおそれがあるため、書面投票も出席議決権数には含めつつ、賛成には含めないこととされています（図表4-4 参照）。

図表4-4　動議における「棄権」票の扱い

動議の種類	書面投票の取扱い
手続的動議	欠席扱い （出席数議決権数に含めない）
修正動議 （議題原案の内容を変更）	「棄権」扱い （出席数議決権数には含めつつ「賛成」には含めない＝「反対」と同じ）

　厳密には、「原案に賛成のものは修正案に反対、それ以外のものは棄権として扱う」という見解と、「すべてを棄権として扱う」という見解とが存在しますが、いずれの立場であっても修正動議に関する書面投票は出席数議決権数には含め、賛成には含めないこととするため、どちらの立場であっても決議の成否に違いはありません。

8 書面投票と電子投票とで回答が異なる場合の対応

　7で紹介した書面投票制度のほかに、株主総会を欠席する株主が議決権を行使する方法として、電子投票制度があります。以下の相談事例をもとに、その活用方法と回答の取扱いを考えてみましょう。

相談事例

　A社では、以前から株主総会における議決権行使の方法として書面投票制度を採用していたが、インターネットによる電子投票制度も併せて導入することとなった。

　ところが、ある議題に関する大株主Aの回答は、先に届いた書面投票では「賛成」と記載されていたのに対し、その後送信された電子投票では「反対」と記載されていた。この場合、当該議題について、Aは「賛成」「反対」のどちらで議決権行使を行ったと扱うべきか。

　また、事前の電子投票では「賛成」と記載していた株主Bが、株主総会に実際に出席して「反対」に票を投じた場合には、どちらを有効な議決権行使として扱うべきか。

　株主総会にあたり、株式会社は、株主が電磁的方法による議決権行使（電子投票）を行えるよう定めることも認められています（会社法298条1項4号、4項）。なお、電子投票制度の採用は、株主数にかかわらず任意とされている点で、書面投票制度とは異なりますが、電子投票の取り扱い等については基本的に書面投票制度と同様であるため、**7**の解説もあわせてご参照ください。

　電子投票制度を採用した場合、会社は、電磁的方法によって議決権行使書面に記載すべき事項を株主に提供する必要があります（会社法301条1項、会社法施行規則66条）。

　このとき、書面投票制度と電子投票制度を併せて採用することも可能ですが、書面投票と電子投票が重複して行使された場合、相談事例のよ

うに、投票内容が矛盾・対立する場合が考えられます。

　かかる場合に備えて、会社はあらかじめ、書面投票と電子投票の内容が対立する場合の処理について、招集事項や定款に「時間的に後に到達したものを有効とする」「白票とする」「書面投票と電子投票による議決権行使が重複した場合、電子投票が優先する」などと定めることができます（会社法施行規則63条4号ロ）。相談事例のケースで、事前にこうした定めを置いている場合は、当該定めにしたがって処理されることになります。

　こうした取り扱いを招集事項等に定めていなかった場合には、議決権行使の時間的な先後により、「後に出された方が優先する」（「後に"到着した"方」ではない）と解するのが一般的です。

　なお、電子投票による議決権行使が認められるのは、「株主総会に出席しない株主」のみです（会社法298条1項4号）。このため、株主が既に電子投票を行った場合であっても、当該株主が株主総会に出席すると、既に提出した電子投票の効力は失われると解されています。電子投票を行った株主が委任状を付与した場合には、常に委任状が優先し、電子投票の内容にかかわらず委任状に基づく代理人の議決権行使が有効になります。

株式会社の運営を理解する⑤

9　正しい株主優待制度の設計とは?

　企業のビジネスの先見性や、技術の価値だけでなく、株主優待の有無やその内容を株式取得にあたっての判断基準にする投資家も少なくなく、こうした投資家を獲得すべく、優待に力を入れる企業も出てきています。そもそも、適切な株式優待の設定とはどのようなものなのでしょうか。相談事例をもとに考えてみましょう。

　Ａ社では、同社の ROE（自己資本利益率）や株主への利益還元政策に対する株主の見方が年々厳しさを増す中で、株主の満足を得る方策の1つとして株主優待制度を取り入れることを検討している。

　Ａ社は人気プロ野球球団のオーナー会社の系列であることから、一定数以上の株式を保有する株主に対して、当該球団の試合の観戦チケットを抽選で付与することを検討しているが、会社法上留意すべき点は何か。

　「株主優待制度」とは、株主に対して会社の事業に関連する便益を付与する制度をいいます。近年では株主優待の内容も多岐にわたっており、鉄道会社が優待乗車券を付与したり、事業会社が自社製品の商品券を付与するといったものから、系列のスポーツ団体の試合の観戦チケットを抽選で付与したり、図書カード等の換金性の高い商品を付与したりする例もあります。

　こうした株主優待制度の採用にあたっては、株主平等原則に違反しないか（①）、株主の権利行使に関する利益供与の禁止に抵触しないか（②）、配当規制に抵触しないか（③）の3点が問題となります。

　まず、①の「株主平等原則」とは、株主をその有する株式の内容や数に応じて平等に取り扱わなければならないとする原則です（会社法109条）。一定数以上の株式を有する株主への株主優待制度は、この原則に違反しないかが問題となりますが、一般的には、通常の株主優待制度であれば、以下の理由から株主平等原則に違反しないとされています。

▶株主優待制度は営業上のサービスであること
▶軽微な差別に過ぎないこと
▶各株式につき分子を1として所定の株式数を分母とする分数量の権利であるから、その分数量の間で平等であればよいこと

　もっとも、恣意的に特定の株主を優待したり、軽微とはいえないよう

な価値のある物品を一定数以上の株式をもつ株主に付与したりするような株主優待は、これらの理由では正当化できず、株主平等原則に違反する可能性があるといえます。

　また、②について、会社は、株主の権利の行使に関して何人に対しても財産上の利益の供与をすることを禁じられているため（会社法120条）、当該株主優待制度の内容が同条に抵触しないかも問題となります。

　この点については、一般的には、社会通念上許容される範囲であれば、同条の対象ではないと解されています。

　もっとも、鉄道会社が株主優待として交付する乗車券の枚数について、交付基準による算定を厳格に行わずに基準よりも多くの乗車券を交付したことについて、社会通念上許容された範囲内で適正に行われたものとはいえないとして同条違反を認めた裁判例（高知地裁昭和62年9月30日判決・判時1263号43頁）があり、あくまで「社会通念上許容される範囲」であることが必要となります。また、役員選任について現職取締役と対立する議案が株主から提出されている場合に、会社が議決権を行使した株主にQuoカード1枚（500円相当）を交付することは、同条の利益供与に該当するとした裁判例があるとおり（東京地裁平成19年12月6日判決・判タ1258号69頁）、会社の意図・目的によっては、株主優待の価値にかかわらず同条に抵触すると判断される可能性もあります。

　さらに、③について、株主に対する配当には分配可能額の制限等の配当規制が適用される（会社法454条以下）ため、会社の事業に関する無料券などの交付といった優待内容が、現物配当として規制の対象とならないかが問題となります。

　この点については、無料券などの配布が株主権の内容になっていないことや、会社の事業上のサービスの一環に過ぎないこと、経済的価値が必ずしも大きくないことなどを理由に、株主優待制度には厳格な株主平等原則が適用されず、現物配当には当たらないと解するのが一般的です。一方で、会社が有する資産や自社のサービスではないものを無償で交付

する場合には、会社財産の流出が不可避的であるため、社会的相当性が認められる場合を除き、現物配当に該当するという見解があります。

株式会社の運営を理解する⑤
10 他社取締役を兼務する自社取締役の議決権

　自社取締役が、別の企業の取締役を兼任し、その企業が自社と取引がある場合、当該取締役の取締役会での議決権はどのように扱うべきでしょうか。以下の相談事例をもとに考えてみましょう。

相談事例

　A社の取締役Xは、重要な取引先B社の専務取締役も兼務している（B社代表権はない）が、A社とB社との間で、A社の事業活動の根幹をなす工場の譲渡が検討されることとなった。

　本件取引についてXがA社の取締役会での決議に参加することに問題はあるか。

　株主の場合、決議に特別利害関係を有するときであっても議決権行使は排除されず、株主総会決議取消事由となりうるに過ぎないのに対し、取締役については、特別利害関係を有する場合は取締役会の定足数にも算入されず、議決権の行使自体が排除されています（会社法369条2項）。これは、取締役が会社のため忠実に職務を執行する義務を負っていることの表れとされています（会社法355条）。取締役が決議について特別利害関係を有する典型例としては、以下のものがあります。

▶譲渡制限株式の譲渡承認
▶競業取引・利益相反取引の承認（会社法365条1項）
▶会社に対する責任の一部免除（会社法426条1項）
▶監査役設置会社以外の会社における会社・取締役間の訴えの会社代表者の選任（会社法364条）

利益相反取引や競業取引の承認決議において、取締役会の承認を必要とする取締役、すなわち利益相反取引の当事者等である取締役が特別利害関係人に該当することに異論はありませんが、代表取締役を兼務する者がいない会社間の取引について、両者の平取締役を兼務する者の議決権行使を認めてよいかについては見解が分かれています。

　この点、兼務先企業において、代表権を有しないものの専務取締役といった要職を占める場合に、純粋に会社の利益のみを考えて決議に参加することが可能か疑問がないわけではないとして、特別利害関係人の範囲を一定程度拡大して解釈する見解もあります。

　もっとも、特別利害関係人の規制の趣旨は、前述のとおり事前予防的なものであり、定足数の判断に影響を及ぼすだけでなく、違反時には取締役会決議の効力が否定される場合もありうることから、特別利害関係人の範囲については明確な判断が可能なように解釈すべきといえます。したがって、役員兼務という事実のみをもって、代表権や取引への関与の有無にかかわらず一律に特別利害関係人として扱うことは相当でない、と解されています。

　ただし、実務上、法令違反のリスクを回避する観点から、特別利害関係を有するおそれのある取締役を除外しても定足数要件や決議要件を具備する場合など、問題となっている取締役を特別利害関係人扱いをしたとしても決議の効力に影響がない場合には、念のため、当該取締役を広く特別利害関係人に含めて決議することもあります。

　なお、利益相反取引について、会社法365条に基づく取締役会決議に加えて、「重要な業務執行」として会社法362条4項に基づく取締役会決議が必要な場合もあります。このように、同一の取締役による同一の行為が、利益相反取引にも「重要な業務執行」にも該当する場合には、両者の決定における特別利害関係の範囲を区別する明確な根拠がないことから、利益相反取引に係る特別利害関係の範囲に関する議論が同様に問題となります。

　この点についても、上記のとおり、役員兼務という事実のみをもって、

「重要な業務執行の決定」に係る特別利害関係人として扱うことは相当でないと考えられる一方、実務上は、保守的に当該取締役は特別利害関係人に該当するものとして対応する場合があります。

相談事例では、XはA社取締役兼B社専務取締役ですが、B社の代表権はなく、基本的にはA社・B社間の取引について、利益相反取引に係る特別利害関係や「重要な業務執行の決定」に係る特別利害関係は有しておらず、X社取締役会で決議に参加することに問題はないといえます。

とはいえ、Xを除いてもA社取締役会の定足数・決議要件を満たすのであれば、安全策としてXを除外して決議することも選択肢の1つといえるでしょう。

11 株式会社の運営を理解する⑤
親子会社間の取引は「利益相反取引」となるか

親子関係にある企業間の取引が会社法上の「利益相反取引」の規制対象となることはあるのでしょうか。以下の相談事例をもとに考えてみましょう。

相談事例

A社は親会社B社の100％子会社であり、両社間で役員も兼務している。
このほど、A社の保有する社債等をB社に現物配当することを検討しているが、株主総会特別決議等、必要な手続はすべて履践するとともに、配当規制も遵守するとしても、そもそもこのような親子会社間での現物配当が利益相反取引に該当することはないのか。

「利益相反取引」とは、取締役がその忠実義務に違反して会社の利益を犠牲にして自己または第三者の利益を図る取引をいいます（会社法356条1項2号・3号）。なお、同様の趣旨に基づき、利益相反取引とは

別に、取締役が自己または第三者のために会社の事業の部類に属する取引をしようとするときは、あらかじめ株主総会（取締役会設置会社の場合は取締役会。会社法365条1項）の承認を必要とする、競業避止義務が規定されています（会社法356条1項1号）。

利益相反取引には、取締役が自己または第三者のために会社と行う取引（会社法356条1項2号。直接取引）と、会社が取締役以外の者との間で行う、会社と取締役の利害が相反する取引（同3号。間接取引）とがあります。

利益相反取引について株主総会（または取締役会）の承認が必要とされた趣旨は、取締役がその忠実義務に違反して会社の利益を犠牲にして自己または第三者の利益を図ることを防止することにありますが、完全親子会社関係がある場合は、親子間で利益衝突がないことから、株主総会（または取締役会）の承認は不要と解されています（大阪地裁昭和58年5月11日判決・判タ502号189頁）。

これに対して、親子関係はあるものの、完全親子会社の関係にはなく、親会社以外に他の少数株主がいる場合には、当該少数株主との利益衝突がありうることから、利益相反取引に抵触する可能性があると解されています。

なお、完全親子会社関係にあったとしても、破綻の危機に瀕している完全子会社に対して親会社の資産を移転する場合には、親会社株主保護の観点から利益相反取引規制を及ぼすべきであるとする見解もあることには注意が必要です。

このように、利益相反取引規制はあくまでも株主の利益保護に着目した概念であり、たとえ承認を得たとしても取締役の善管注意義務・忠実義務違反が免責されるものではありません。

そのため、完全親子会社間での取引であり利益相反取引に抵触しない場合や、株主総会（または取締役会）の承認を得ていた場合であっても、当該取引が不当に会社債権者を害するものとして詐害行為取消（民法424条1項）の対象となったり、取締役の善管注意義務・忠実義務違反

となったりしないよう留意するなど、子会社債権者の保護は別途検討する必要があります。

　相談事例では、A社はB社の100％子会社であり、完全親子会社間での現物配当ですので、基本的には利益相反取引に抵触しないものと思われます。ただし、会社債権者の保護は考慮する必要があるため、当該現物配当によってA社資産を不当に流出させ、A社債権者を害するものとならないよう留意する必要があります。

12　株式会社の運営を理解する⑤　親子・兄弟会社間取引は「競業避止」の対象か

　ここでは、**11**でも触れた「競業避止」について、以下の相談事例をもとに考えてみます。

> **相談事例**
>
> 　A社には、100％親会社としてB社、同じくB社を親会社とする兄弟会社としてC社があり、B社の取締役はA社の代表取締役を兼務している。この場合、A社とB社との間、A社とC社との間の取引は競業取引に該当するか。

　取締役は、会社の業務執行またはその決定に関与するため、会社のノウハウや顧客その他の会社の内部情報を知り、または入手しやすい立場にあります。このような地位にある取締役が会社と競合する取引に従事すると、本来会社の事業のために用いられるべき情報や取引関係が、取締役の行う競争事業のために利用されるおそれが大きいといえます。

　そこで、会社法は、取締役が会社の利益を犠牲にして自己または第三者の利益を図るおそれの大きい行為をしようとするときは、当該取締役は株主総会（または取締役会）において当該取引に関する重要な事実を開示し、その承認を受けなければならないと規定しています（会社法

356 条 1 項、365 条。いわゆる競業避止義務）。

　かかる趣旨に鑑みると、親会社と子会社が同種の事業を行う場合に、親会社の取締役が子会社の代表取締役を兼任し、子会社を代表して親会社の「事業の部類に属する取引」を行う場合も、子会社に、当該親会社以外の株主が存するときは、親会社の利益と子会社の利益が衝突する可能性がある以上、会社法 356 条の適用があるものとされています。

　一方、完全親子会社間の場合は、親子会社間に利害の対立がないことから、競業避止義務の趣旨が妥当せず、同条の適用はないものと解されています（大阪地裁昭和 58 年 5 月 11 日判決・判タ 502 号 189 頁）。ただし、完全親子会社の場合であっても、子会社が倒産すれば、子会社の財産は子会社の債権者の担保財産となり、株主である親会社に優先することから、親子会社間に利害の対立がないとはいえないとして、本条の適用を認める見解もあることに注意が必要です。

　この点、兄弟会社間の取引と会社法 356 条の適用の有無について直接言及した文献は見当たりません。もっとも、同条の趣旨に鑑みると、兄弟会社双方にとっての株主が 100% 親会社のみであれば、兄弟会社間での取引の結果、双方の株主（＝ 100% 親会社）の利益が害されることにはならないことから、完全親子会社間の取引と同様、利益相反関係はなく、本条の適用はないと整理することも合理的と思われます。

　相談事例でも、B 社は A 社の 100% 親会社であり、A・B 間での取引は完全親子会社間での取引となります。両社は利害が対立する関係にはないことから、会社法 356 条 1 項が規制する競業取引には該当せず、兄弟会社である A・C 間での取引も、B 社が C 社にとっても 100% 親会社であれば、A・C 間での取引と B 社の利害が対立する関係にはないことから、こちらも競業取引には該当しないものと思われます。

13 取締役の辞任の手続と、辞任後の法的責任

　取締役本人が辞任を希望した場合、どのような手続を経て辞任に至るのでしょうか。以下の相談事例をもとに、取締役の辞任に必要な手続と、その後の法的責任について考えてみましょう。

相談事例

　知人の伝手で、5年ほど前から輸入販売代理業を営んでいる会社の取締役に就任していたが、社内での人間関係のトラブルから、取締役を辞任することを考えるようになった。

　会社が辞任届を受領してくれるかという不安はあるが、それでも辞任することはできるか。また、仮に無事辞任できたとして、その後も取締役として責任を負うことはあるか。

　取締役と会社との関係は民法の委任に関する規定に従うため、取締役はいつでも自己の意思で辞任することができます（会社法330条、民法651条1項）。そして、辞任の意思表示は、委任契約の相手方である会社、具体的には代表取締役等に対して行うこととなります。

　辞任は取締役の単独行為ですから、一方的な辞任の意思表示が会社に到達したときに辞任の効力が生じ、会社の承諾は必要ありません。ただし、当該取締役の辞任により欠員が生じる場合には、新任の取締役が就職するまで取締役の義務を免れることはできず（会社法346条1項）、また、辞任によって会社が不利益を被るような場合には、民法651条2項に基づく損害賠償責任を負う可能性があることに注意が必要です。

　取締役の氏名は登記事項であるため、取締役が辞任した場合には、変更登記が必要となります（会社法911条3項13号、915条1項、商業登記法54条4項）。そのため、取締役を辞任したにもかかわらず、会社が取締役の退任登記をしない場合、当該（元）取締役は、会社に対して、

自らが取締役を退任した旨の変更登記手続を請求する訴訟を提起することができます。かかる退任登記手続請求が認められ、判決が確定した場合、（元）取締役に登記申請についての代理権の授与が強制され、（元）取締役は会社の代理人として登記を申請することができます。

　なお、辞任により定款または法律に定める取締役の人数に欠員が生じる場合には、前述のとおり後任の取締役が就任するまでは取締役の義務を免れることはできず、いまだ登記事項の変更を生じていないと解されることから、たとえ辞任登記手続請求に勝訴し登記申請をしても却下され、新たに選任された取締役が就任するまで辞任登記をすることはできません（最高裁昭和43年12月24日判決・民集22巻13号3334頁）。

　会社に対して辞任届を提出したにもかかわらず、会社が辞任登記手続を行わなかった場合、登記簿上はいまだ取締役としての氏名が残っていることから、会社法908条1項により、善意の第三者に対して責任を負うとも考えられますが、判例は、辞任登記未了の元取締役の第三者に対する責任について、辞任後もなお積極的に取締役として対外的・対内的な行為をあえてした（最高裁昭和37年8月28日判決・集民62号273頁）か、不実の登記を残存させることにつき登記申請者に明示的な承諾を与えていた（最高裁昭和62年4月16日判決・集民150号685頁）等の場合にのみ責任が認められるとしており、特段の事情がない限り、辞任登記未了取締役は第三者に対して責任を負わないとしており、この傾向は近時の裁判例でも変わりはありません。

　このように、取締役の辞任を希望する場合、会社（具体的には会社の代表権を有する代表取締役等）に対して辞任届を提出するとともに、会社に対して辞任登記申請を行うこととなります。取締役の辞任は一方的な意思表示で行うことができますが、相談事例では、社内の人間関係に問題があるとの状況を踏まえ、辞任届が会社に対して到達したことを明確にすべく、弁護士に相談の上、内容証明郵便を送付してもらうことも一案といえるでしょう。

また、特段の事情がある場合には取締役辞任後も例外的に第三者に対して責任を負う場合がありますので、会社が辞任登記申請に応じてくれない場合には、会社に対し辞任登記手続請求訴訟を提起することも検討することとなります。

14 株式会社の運営を理解する⑩ 「執行役員」の法的地位

　「取締役」「執行役」「執行役員」などの会社組織の役職には、法的にどのような地位が定められているのでしょうか。以下の相談事例をもとに考えてみましょう。

相談事例

　A社の執行役員Xは、競合他社（B社）の役員を兼務しているが、このほど、A社と競合する取引に関与しているとの噂を入手した。
　自社の執行役員が競合他社の役員を兼務し、自社と競合する取引に従事することは許されるか。

　しばしば誤解されていることではありますが、「執行役員」なる言葉は、会社法上の規定はなく、会社法上の法的地位ではありません。したがって、執行役員は、「役員」という名称が含まれているものの、会社法上の機関たる「役員」である取締役（会社法326条1項）とは異なり、法的には「重要な使用人」（会社法362条4項3号）であり、いわゆる従業員のトップに過ぎません。そのため、「執行役員」という名称自体も会社内部での取り決めに過ぎず、基本的にはいかなる名称を用いても問題はありません。実務上は、専務、常務等の肩書が与えられることが多いかと思います。

　なお、委員会設置会社における「執行役」は、「執行役員」ではありません。取締役と同様に会社の機関として定められたものですので、混同しないよう注意が必要です。

では、このように「従業員のトップ」である執行役員に、競業避止義務（会社法356条1項1号）の規定は適用されるのでしょうか。

この点について、競業避止義務は取締役に限定されるものではなく、会社の支配人についても競業避止義務がある（会社法12条1項2号）こと、執行役員は実質的に取締役に等しいことから、会社法356条1項1号の類推適用を肯定する見解もあります。しかし、やはり執行役員と取締役とは異なるものである以上、執行役員に対して同号の適用はなく、一般的な準用も認められないと解する見解が多数派と思われます。また、執行役員は法定の包括的権限を有する「支配人」とも異なりますので、支配人に関する会社法12条1項2号の規定が当然に適用されるべき根拠もありません。

したがって、執行役員の競業避止義務については、実務上は、取締役・支配人に対する競業避止義務を規定した会社法の規程は適用されないものとして、会社の内部規程である執行役員規程に規定しておくべき事項といえます。

以上のことから、相談事例のように、執行役員であるXがライバル会社B社の役員を兼務していていも、当然に取締役・支配人に対する競業避止義務を定めた会社法上の規定が適用されるものではありません。実務上は、執行役員の競業を禁止する執行役員規程等をあらかじめ設けておき、当該社内規程違反を理由に責任を追及することになります。

なお、執行役員規程の規定の仕方としては、以下のような対応が考えられます。

- ▶**執行役員は従業員であることから、従業員の職務専念義務の対象であるとして原則として競業を認めないこととする。**
- ▶**執行役員の地位の高さに鑑み、取締役会の承認を条件に競業を認める。仮にこれに反して競業を行った場合には、競業によって得た利益の提供を当該執行役員に対して請求する権利を会社に認める旨の規定を置く。**

15 退職後の競業避止義務契約の有効性

　自社の営業秘密やノウハウなど、価値ある情報を守るために、退職者に、退職後の競業禁止義務契約を結ぶ企業は少なくありませんが、過剰な制限を課した契約は、退職者の職業選択の自由を侵害するとして、無効とされやすい傾向にあります。有効な競業禁止義務契約を締結するには、どのような点に注意すべきでしょうか。以下の相談事例をもとに考えてみましょう。

相談事例

　家電を中心に扱う量販店 A 社は、長年にわたる地域に根差した地道な営業の結果、店舗を少しずつ増やし、販路も拡大することができた。

　長年培ってきた各店舗の販売方法や、人事管理のノウハウ、営業方針や経営戦略等は A 社の財産であるため、こうした情報の流出を防ぐべく、A 社は従業員のうち役職者との間で「退職後、1 年間は同業者への就職はしない。違反した場合には、会社から損害賠償請求されることに対して異議を述べない」旨を誓約する合意書を締結したいと考えている。

　このような合意書を従業員との間で締結した場合、従業員が退職後 1 年以内に同業他社に転職したことに対して、損害賠償請求をすることは可能か。

　退職後の競業避止義務契約は、企業の利益を守るために一定の必要性がある一方、従業員の職業選択の自由を侵害する面もあることから、制限的に解される傾向にあります。

　退職後の競業避止義務契約の有効性については、経済産業省が公表している営業秘密管理規程に関する解説資料「競業避止義務契約の有効性について」が参考となります[2]。

　同資料の 3 頁では、以下のように整理しています。

---

[2]　https://www.meti.go.jp/policy/economy/chizai/chiteki/pdf/handbook/reference5.pdf

■ 競業避止義務契約が労働契約として、適法に成立していることが必要。

■ 判例上、競業避止義務契約の有効性を判断する際にポイントとなるのは、①守るべき企業の利益があるかどうか、①を踏まえつつ、競業避止義務契約の内容が目的に照らして合理的な範囲に留まっているかという観点から、②従業員の地位、③地域的な限定があるか、④競業避止義務の存続期間や⑤禁止される競業行為の範囲について必要な制限が掛けられているか、⑥代償措置が講じられているか、といった項目である。

さらに、同4頁には「企業側に守るべき利益があることを前提として、競業避止義務契約が過度に職業選択の自由を制約しないための配慮を行い、企業側の守るべき利益を保全するために必要最小限度の制約を従業員に課すものであれば、当該競業避止義務契約の有効性自体は認められると考えられる」と記載され、競業避止義務契約の有効性は、諸般の事情を総合考慮して決せられるものであり、単一の事情のみで判断されるわけではないことがわかります。

なお、従業員側の不利益の判断要素として、競業避止の「期間」「地域」「業務内容・対象の制限」が問題となります。

この点、競業避止義務契約の有効性にかかる裁判例を分析した横地大輔「大阪民事実務研究　従業員等の競業避止義務等に関する諸論点について（上）」（判タ1387号5頁以下）によると、従業員側の不利益の判断基準としては、期間の長短は絶対の要素ではなく、地域的制限のウェイトは低いこと、業務内容、対象の範囲を考慮することにウェイトがあることが指摘できるといえます。

以上を踏まえると、相談事例では、相談事例における1年という期間設定は決して長期とはいえないことや、対象を役職者と制限していることから、退職後の競業避止義務契約として有効と解されうるといえるでしょう（東京地裁平成19年4月24日判決・労判942号39頁）。したがって、競業避止義務契約に違反した従業員に対する損害賠償請求は可能と

いえます。

　なお、さらに有効性を高めるのであれば、「使用者の顧客への営業活動の禁止であるような限定した合意」のように、業務内容、対象の制限を意識した規定とすることが考えられます。

16 社内監査役・社外監査役の選任の可否

　株式会社において、従来取締役だった者を監査役に選任する例がありますが、「社内監査役」と「社外監査役」とで、選任基準が異なる場合はあるのでしょうか。以下の相談事例をもとに考えてみましょう。

相談事例

　監査役会設置会社のA社は、社外取締役・社外監査役を選任しているが、6月の株主総会において、社外取締役X氏を社外取締役の任期満了とともに、直ちに社外監査役に選任（新任）することを検討しているが、法的に問題はあるのだろうか。

　事業年度の途中で招集された株主総会において、それまで取締役であった者が退任して新たに監査役に選任された場合、当該監査役（いわゆる「横すべり監査役」）は、自分が取締役であった期間についても監査役として自らを含む取締役の職務執行を監査することとなります。

　このような横すべり監査役による自己の取締役としての職務執行に関する監査は、いわば自己監査といえ、監査役と取締役等との兼任を禁止し、自己監査を防止して公正な監査を担保しようとした会社法335条2項への抵触が問題となりますが、学説の多数説は、同項は、文言上、退任した取締役が直ちに監査役となることを禁止しておらず、退任後における事後的な「自己監査」は動向の対象外であること等を理由に違反しない、としています。また、平成17（2005）年改正前商法276条（会社法335条2項に相当）に関する裁判例では「取締役であった者が立場

122

を変えて心機一転監査役の立場で過去の取締役としての職務執行を事後監査することは可能」と判示しており（最高裁昭和62年4月21日判決・昭和61年（オ）1229号）、社外取締役退任後、社内監査役に選任することは、会社法上問題はないと思われます。

　もっとも、監査役会設置会社（会社法2条10号。なお、公開会社である大会社は監査役会の設置が強制される）においては、監査役の半数以上は社外監査役である必要である（会社法335条3項）ところ、社外監査役として選任するためには、同条2項（兼任禁止）の要件のほか、以下の要件すべてを充足する必要があります（会社法2条16号）。

> ▶ **その就任前10年間その会社または子会社の取締役・会計参与・執行役・使用人であったことがないこと**
> ▶ **その就任前10年内のいずれかの時にその会社または子会社の監査役であったことがある者については、当該職への就任の前10年間その会社または子会社の取締役・会計参与・執行役・使用人であったことがないこと**
> ▶ **その会社の自然人である親会社等または親会社等の取締役・監査役・執行役・使用人でないこと**
> ▶ **その会社の姉妹法人の業務執行取締役・執行役・使用人でないこと**
> ▶ **その会社の取締役・重要な使用人または自然人である親会社等の配偶者または二親等内の親族でないこと**

　相談事例に関していえば、事業年度途中の6月末の株主総会で社外取締役を退任したX氏が社内（常勤）監査役に選任されるのであれば、監査役の兼任禁止規定に抵触せず、問題ありません。

　もっとも、監査役会設置会社においては、監査役の半数以上が社外監査役であることが必要となるところ、社外監査役として選任するためには、「その就任前10年間その会社または子会社の取締役・会計参与・執行役・使用人であったことがないこと」が要件となります。このため、

社外取締役退任直後のX氏を社外監査役として選任することは認められないことになります。

第 **5** 章

適切な労務管理で、
人材が最大限の力を
発揮できる環境を整える

1 「働き方改革」の背景・目的とは?

「働き方改革」は、働く人々が、個々の事情に応じた多様で柔軟な働き方を、自分で「選択」できるようにするための改革といわれています。

働き方改革の背景には、以下の2つの理由があるとされています。

> ▶ 日本が直面する「少子高齢化に伴う生産年齢人口の減少」「働く人々のニーズの多様化」などの課題に対応するためには、投資やイノベーションによる生産性向上とともに、就業機会の拡大や意欲・能力を存分に発揮できる環境を整える必要がある。

> ▶ それぞれの事情に応じた、多様な働き方を自分で選択できる社会を実現することで、成長と分配の好循環を構築し、働く人一人一人がより良い将来の展望をもてるようにする。

こうした背景を基に制定された働き方改革関連法は、大きく以下の2つの方針を柱としています。

① 労働時間法制の見直し

働きすぎを防ぐことで、働く人々の健康を守り、多様な「ワーク・ライフ・バランス」を実現する。

【具体策】

▶ **時間外労働の上限規制の導入**

〈施行:2019年4月1日〜(中小企業は2020年4月1日〜)〉

時間外労働の上限について、月45時間、年360時間を原則とし、臨時的な特別な事情がある場合でも年720時間、単月100時間未満(休日労働含む)、複数月平均80時間(休日労働含む)を限度とする。

▶ **年次有給休暇の確実な取得** 〈施行:2019年4月1日〜〉

使用者は、10日以上の年次有給休暇が付与されるすべての労働者に対し、毎年5日、時季を指定して有給休暇を与えなければなら

ない。

② 雇用形態に関わらない公正な待遇の確保

同一企業内における正社員と非正規社員の間にある不合理な待遇の差をなくし、どのような雇用形態を選択しても「納得」できるようにする。

【具体策】

▶ 正規・非正規雇用労働者間の不合理な待遇差の禁止

〈施行：2020 年 4 月 1 日〜（中小企業は 2021 年 4 月 1 日）〉

同一企業内において、正規雇用労働者と非正規雇用労働者（パートタイム労働者、有期雇用労働者、派遣労働者）の間で、基本給や賞与などの個々の待遇ごとに不合理な待遇差を禁止する。

働き方改革関連法では、これら①②の方針を柱として図表 5-1 のような制度設計がなされており、一連の法律の施行は、図表 5-2 のようにまとめられます。

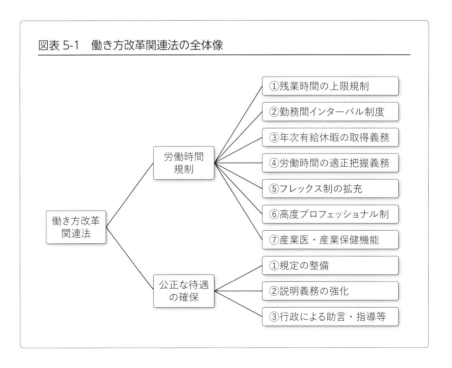

図表 5-1　働き方改革関連法の全体像

- 働き方改革関連法
  - 労働時間規制
    - ①残業時間の上限規制
    - ②勤務間インターバル制度
    - ③年次有給休暇の取得義務
    - ④労働時間の適正把握義務
    - ⑤フレックス制の拡充
    - ⑥高度プロフェッショナル制
    - ⑦産業医・産業保健機能
  - 公正な待遇の確保
    - ①規定の整備
    - ②説明義務の強化
    - ③行政による助言・指導等

図表 5-2　各改正法の施行時期

概要	法律		大企業	中小企業
働き方改革の基本理念	雇用対策法 （労働施策総合推進法）		2018年 7月6日	
労働時間	労働基準法	時間外労働の上限規制	2019年 4月1日	2020年 4月1日
		上限規制の猶予措置の廃止 （自動車運転、建設業）	2024年4月1日	
		年休5日取得義務化	2019年4月1日	
		高プロ制度創設	2019年4月1日	
		フレックスタイム制の 精算期間延長	2019年4月1日	
		中小企業における月60時間超の時間外労働の割増賃金率を50％以上とすることの猶予措置の廃止	―	2023年 4月1日
	労働時間等設定改善法	勤務時間インターバル制度の努力義務化	2019年4月1日	
労働者の健康確保	労働安全衛生法	医師の面接指導制度の拡充 産業医・産業保健機能の強化	2019年4月1日	
同一労働・同一賃金	パートタイム労働法・労働契約法 （パートタイム労働者・有期契約労働者）		2020年 4月1日	2021年 4月1日
	労働者派遣法（派遣労働者）		2020年 4月1日	

働き方改革関連法の全体像を掴む②

2　新たな労働時間法制とは？

　働き方改革関連法では、時間外労働の上限規制が設けられたことが大きな特徴の1つとして挙げられます（労働基準法 36 条）。

　働き方改革関連法施行前は、時間外労働は原則として月 45 時間、年 360 時間と規定されていたものの、上限時間を超過しても罰則はなく、例外的に、臨時的な特別の事情があって労使が合意する（労使間の 36 協定がある）場合には、年 6 か月は上限時間なく時間外労働が可能とさ

れていました。このように、時間外労働の規制は実効性に乏しく、長時間残業の問題が放置されるという状況が長く続いていました。

　この点、働き方改革関連法によって、時間外労働の上限の原則（月45時間、年360時間）は変わらず、労使が合意する場合にも月45時間を超過することは認められますが、以下の条件を遵守する必要があります（図表5-3を参照）。

① 時間外労働が年720時間以内
② 時間外労働と休日労働の合計が月100時間未満
③ 時間外労働と休日労働の合計について、「2か月平均」「3か月平均」「4か月平均」「5か月平均」「6か月平均」がすべて1月あたり80時間以内
④ 時間外労働が月45時間を超えることができるのは、年6か月まで
※ ②③は特別条項の有無にかかわらず守らなければならない

　使用者がこれらに違反した場合、6か月以下の懲役または30万円以下の罰金を科されることになります。

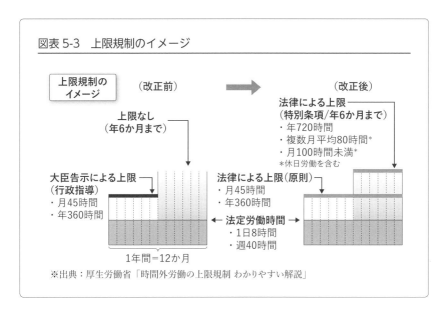

図表5-3　上限規制のイメージ

※出典：厚生労働省「時間外労働の上限規制 わかりやすい解説」

このように、働き方改革関連法によって、時間外労働の上限規制が厳格となり、違反した場合には刑事罰の制裁も科されることになりました。また、時間外労働の例外に該当しているかを把握するためにも、毎月の労働時間管理を厳格に行わなければなりません。企業としては、これまで以上に慎重かつ厳格に労働時間管理を実施する必要があります。

働き方改革関連法の全体像を掴む③

3　同一労働同一賃金の原則とは?

　働き方改革の柱の一つである「同一労働同一賃金の原則」の目的は、同一企業内における正社員と非正規社員（パートタイム労働者・有期雇用労働者・派遣労働者）の間の不合理な待遇の差をなくすことです。

　働き方改革における改正（主には「短時間労働者及び有期雇用労働者の雇用管理の改善等に関する法律」（以下、「パート・有期法」）への改正）の概要は、以下の3点です。

① **不合理な待遇差をなくすための規定の整備**
② **労働者に対する待遇に関する説明義務の強化**
③ **行政による事業主への助言・指導等や裁判外紛争解決手続（行政 ADR）の規定の整備**

　まず、「不合理な待遇差をなくすための規定」（①）として、パート・有期法8条が以下のように規定されています。

（不合理な待遇の禁止）
第8条　事業主は、その雇用する短時間・有期雇用労働者の基本給、賞与その他の待遇のそれぞれについて、当該待遇に対応する通常の労働者の待遇との間において、当該短時間・有期雇用労働者及び通常の労働者の業務の内容及び当該業務に伴う責任の程度（以下「職務の内容」という。）、当該職務の内容及び配置の変更の範囲その他の事情のう

> ち、当該待遇の性質及び当該待遇を行う目的に照らして適切と認められるものを考慮して、不合理と認められる相違を設けてはならない。

同条のポイントは、職務内容、職務内容・配置の変更の範囲、その他の事情の内容を考慮して不合理な待遇差を禁止する「**均衡待遇規定（不合理な待遇差の禁止）**」と、職務内容、職務内容・配置の変更の範囲が同じ場合は、差別的取扱いを禁止する「**均等待遇規定（差別的取扱いの禁止）**」にあります。

また、「労働者に対する待遇に関する説明義務の強化」（②）として、同法14条が以下のように規定されています。

（事業主が講ずる措置の内容等の説明）
第14条　事業主は、短時間・有期雇用労働者を雇い入れたときは、速やかに、第8条から前条までの規定により措置を講ずべきこととされている事項（労働基準法第15条第1項に規定する厚生労働省令で定める事項及び特定事項を除く。）に関し講ずることとしている措置の内容について、当該短時間・有期雇用労働者に説明しなければならない。
2　事業主は、その雇用する短時間・有期雇用労働者から求めがあったときは、当該短時間・有期雇用労働者と通常の労働者との間の待遇の相違の内容及び理由並びに第六条から前条までの規定により措置を講ずべきこととされている事項に関する決定をするに当たって考慮した事項について、当該短時間・有期雇用労働者に説明しなければならない。
3　事業主は、短時間・有期雇用労働者が前項の求めをしたことを理由として、当該短時間・有期雇用労働者に対して解雇その他不利益な取扱いをしてはならない。

本条第2項について、企業は労働者から説明を求められた場合には対応しなければなりませんが、労働者からのアプローチがない場合には、

積極的に説明するまでの義務はありません。

さらに、「行政による事業主への助言・指導等や裁判外紛争解決手続（行政ADR）の規定の整備」（③）のために、同法18条、23条以下が設けられており、企業と労働者間でトラブル（「均衡待遇」や「待遇差の内容・理由に関する説明」に関する案件も含む）が生じた際には、都道府県労働局において、無料・非公開の紛争解決手続（行政ADR）を行うこととされています。

もっとも、均衡待遇・均等待遇の問題は実質判断であり、行政的判断が馴染みにくいという声もあることから、実務上の影響は現時点では不明確なところがあり、今後の動向を注視する必要があります。

4 採用に関するトラブルを防ぐ① 採用にあたっての調査の可否

採用は、企業にとって人事戦略の出発点であり、企業の今後も左右する重要な要素です。企業ができる限り自社にとって必要な人物を選定し、採用したいと考えることは自然なことといえます。

募集に応募してくる人材が、すべての経歴を、トラブルや失敗も含めて包み隠さず報告するとは限りません。具体的な事例で考えてみましょう。

相談事例

A社では新しく営業担当を募集しているが、過去にいわゆる問題社員を採用してしまった苦い経験があり、同じ失敗を繰り返さないよう、社員を採用するにあたって、過去に犯罪を犯したことがないか、破産したことがないか等を調べた上で判断したいと考えている。

こうしたケースで、企業の調査自体が許されるのか、また、どのような調査方法をとるべきかについて見ていきます。

まず、調査自体の可否については。会社と労働者との雇用契約（労働契約）は契約関係の1つ（民法623条、労働契約法6条）ですので、企業の経済活動の自由（憲法22条、29条）および契約自由の原則のもと、どのような者をどのような条件で雇用するかについて、会社は原則として自由に決定することができます（採用の自由。三菱樹脂事件（最高裁昭和48年12月12日判決・民集27巻11号1536頁））。

　この一環として、会社には、採用にあたって応募者を調査する「調査の自由」も認められています。

　もっとも、応募者の人格権やプライバシー保護の観点から、応募者に対する調査についても一定の限界が存在します。

　たとえば、職業安定法5条の4では、職歴、学歴、健康情報等の求職者の個人情報について、業務の目的の達成に必要な範囲内で収集し、その収集目的の範囲内で保管し使用することを募集者に義務づけており、応募者に対する調査は、社会通念上妥当な方法で、かつ応募者の人格権やプライバシー等の侵害になるような態様での調査は慎まなければなりません。場合によっては、会社に不法行為責任が成立することもあります。

　また、調査事項についても、応募者の職業上の能力・技能や従業員としての適格性に関連した事項に限られると考えられています。

　調査の方法としては、履歴書の記載を確認するとともに、面接時に記載内容等について正確な情報となっているか、応募者に質問することを通じて正確な事実の有無を確認します。かかる調査に際しては、応募者の人格権・プライバシー権を不当に侵害しないよう、原則としてあらかじめ応募者の同意を得ておくことが望ましいといえます。

　また、調査事項についても、応募者の担当業務と直接関係しない事項（応募者の同意を得ずにHIV抗体検査を実施することなど）は避けるべきです（警視庁警察学校事件（東京地裁平成15年5月28日判決・労判852号11頁））。

　なお、仮に経歴等に詐称があった場合を想定し、あらかじめ就業規則

等に経歴詐称等を懲戒事由として明記しておくことで、実際に詐称が発覚した場合には就業規則等違反を理由とした処分を検討することが可能となります。

このように、企業には、応募者に対する採用・選択の自由から派生する調査の自由が認められていますが、応募者の人格権やプライバシー権等との関係で、調査方法及び調査事項について一定の制限があるといえます。

このことから、上記の相談事例への回答は、「社会通念上妥当な方法で、かつ、応募者の職業上の能力・技能や従業員としての適格性に関連した事項に限って調査が認められる」となります。

5 ▷ 採用に関するトラブルを防ぐ②「試用期間」とは?

企業は、できる限り自社の風土にあった人材を採用したいと思うことから、ミスマッチがあった場合には、できる限り早期に雇用契約を解消したいと考える傾向にあります。こうした企業が、採用した人材の適性を判断するための期間として設定するのが「試用期間」です。

ところが、この試用期間の法的性質を正しく理解せずに、「試用期間中であれば、いつでも会社側の都合で従業員を解雇できる」などと誤解しているケースも散見されます。

そもそも、試用期間の目的は、試用期間中の研修等を通じて適性を評価し、「本採用の可否を判断する」「配属先を決定する」ことです。

試用期間の法的性質については、「解約権留保付労働契約」と解されています。具体的には、試用期間中は、会社は賃金支払義務を、そして当該社員は労務提供義務を負いますが、会社には解約権が与えられているというもので、この点が通常の労働契約と異なるところです。

ただし、会社側に解約権が与えられているとはいえ、会社側に無制限の解約権の行使が認められているわけではありません。会社側の解約権

の行使には、解雇権濫用の法理（明確な理由がない解雇や社会的に行きすぎた解雇は無効）が適用されます。試用期間中であるからといって、会社側の都合だけで従業員を解雇できるわけではないのです。

　企業は、こうした試用期間の法的性質を正しく理解した上で、無用な解雇トラブルを回避しなければなりません。

　一方で、試用期間中は会社側には解約権が与えられていることから、社員の立場は正社員よりも不安定となります。したがって、あまりに長期の試用期間は無効と評価されることもあります。

　どの程度の試用期間の長さであれば妥当なのかについては明確な基準はなく、試用期間の目的等に照らして合理的かどうか、事案ごとに判断することになります。試用期間の延長の有効性についても、試用期間の長期化と同様に、慎重に判断されます。

　試用期間の長さや延長の問題は、「その期間が社員の能力や適性を見極めるのに相当か」が重要です。試用期間を設定する際には、まずこの観点から検討しなければなりません。

6 相談事例で考える社員への対応①
業務命令に従わない社員への処分

　ここから、具体的な相談事例をもとに、企業がとるべき対応を検討していきます。以下の事例をもとに、「業務命令に従わない社員」への対応を考えてみましょう。

相談事例

　株式会社Aに雇用されている社員Xは、上司から資料作成等の指示を受けても「もっとやりがいのある仕事がしたい」「自分には役不足だ」等の発言を繰り返し、業務命令に従わないことが頻発していた。あまりに勤務態度が酷かったため、出勤停止処分としたが、Xは「そんな処分は無効だ」と主張し、無理矢理出勤してきている。

　A社としては、こうした態度が続くようでは解雇も検討せざるをえな

いと考えている。

　労働者たる社員は、使用者たる会社との労働契約に基づき、会社に対する労働義務を負います（労働契約法6条）。そのため、社員が債務の本旨に従って労務の提供を行わない場合には、労働義務を果たさなかったものとして会社に対する債務不履行となり、会社は労働契約を解約し、当該社員を解雇することが認められます。

　もっとも、会社による解雇は、客観的に合理的な理由があり、社会通念上相当でなければ権利濫用として無効となることに注意が必要です（労働契約法16条）。

　ただし、社員の誠実労働義務の前提として、上司の業務命令が労働契約の合意内容の枠内で、かつ、当該労働契約の内容が合理的なものであることが必要となります（電電公社帯広局事件（最高裁昭和61年3月13日判決・労判470号6頁）、国鉄鹿児島自動車営業所事件（最高裁平成5年6月11日判決・労判632号10頁））。この点、社員が始末書の提出を拒否した事案において、そもそも始末書の提出命令は業務上の指示命令に該当しないこと等を理由に、懲戒解雇を無効とした裁判例があります（高松高裁昭和46年2月25日判決・労民22巻1号87頁）。

　また、就業規則等に業務命令に服すべき旨の定めがある場合であっても、具体的な命令が社員に対して著しい不利益を与える等の場合には、かかる業務命令は権利濫用として無効と判断される可能性があることにも注意が必要です（電電公社千代田丸事件（最高裁昭和43年12月24日判決・労判74号48頁）、JR東日本（本荘保線区）事件（最高裁平成8年2月23日判決・労判690号12頁））。

　業務命令について就業規則等に定めがあり、当該内容が合理的なものである場合は、当該業務命令に違反した社員は懲戒処分の対象となりえますが、その場合であっても懲戒解雇が認められるケースは裁判例上、

非常に限定的な場合に限られます。

　もっとも、社員が出勤停止処分を受けたにもかかわらず、これを無効であると強弁して出勤を強行し、また、所長や副所長の業務指示に従わない態度をとり続けた上、上司の作成文書が偽文書であるとする文書の発信を継続した事案において、就業規則の「職責者の正当な業務命令に従わない者」および「勤務態度が著しく不良で、戒告されたにもかかわらず改悛の情を認めがたい者」等に該当するとして、裁判所が諭旨解雇処分を肯定した例(旭化成工業事件(東京地裁平成 11 年 11 月 15 日判決・平成 11 年（ワ）11706 号))など、業務命令に従わない社員に対する懲戒解雇を認めたケースもあります。

　相談事例における企業の対応としては、まず就業規則等を確認し、上司の業務命令が労働契約の合意内容の範囲内であり、かつ、当該労働契約の内容が合理的なものであることを確認することが必要です。

　かかる就業規則等が存在し、その内容も合理的であったとしても、まずは指導・注意等を通じて当該社員の勤務態度の改善を促し、それでも業務命令に従わない場合に懲戒処分を検討することとなります。

　一般に、懲戒解雇が認められるケースは非常に限定的ですが、例外的に懲戒解雇を肯定した裁判例に照らすと、本件でも懲戒解雇が認められる可能性があります。

相談事例で考える社員への対応②
7 管理能力に欠ける管理職への処分

　ここでは、管理職の能力に関する問題を取り上げます。以下の相談事例を見てみましょう。

相談事例

　新興の広告会社 A 社は、競業他社との競争に勝ち抜くため、特に営業活動に力を入れてきた。積極的な営業攻勢が功を奏し、このほど地域

No.1 の実績を達成できたものの、最近、営業第 1 部の営業成績が低迷している。

　社内で調査したところ、営業第 1 部部長の管理能力が低く、部下の実力を十分に発揮させることができていない点が 1 つの大きな要因であることが判明した。

　A 社は、部下の管理能力に欠ける管理職に対して、何らかの処分は可能か、また、その際の留意点について悩んでいる。

　「管理職」とは、労働現場において部下などを指揮して組織の運営を担当する者をいいますが、法律上定義されているものではなく、その範囲は会社の規模や種類等によって異なります（労働基準法（以下、「労基法」）41 条 2 号「監督若しくは管理の地位にある者」を参照）。

　もっとも、管理職が部下を指揮監督し、組織の運営を担当する権限を有するものである以上、管理職にある者は、こうした権限を適切に行使し、会社に対して誠実に労務を提供する義務（誠実労働義務）を負います。こうした管理職が部下を指揮監督する能力に欠ける場合、誠実労働義務の不完全履行として、人事権による降格処分等が問題となります。

　降格処分には、「人事権の行使による降格」と「懲戒処分としての降格」の 2 種類に大別することができますが、前者について、管理職にある者が部下を適切に指揮監督する能力に欠け、誠実労働義務に違反している場合、就業規則に根拠規定がなくても「人事権の行使」として裁量的判断により降格を行うことができる、とされています。裁判例上においても、能力が劣るとの評価により営業所長を営業社員に降格した事案において、「役職者の任免は、使用者の人事権に属する事項であって使用者の自由裁量にゆだねられており裁量の範囲を逸脱することがない限りその効力が否定されることはないと解するのが相当である」と判示されています（エクイタブル生命保険事件（東京地裁平成 2 年 4 月 27 日判決・労判 565 号 79 頁））。

なお、降格に伴い、賃金も降格後の格付けに対応した減額が行われるのが一般的ですが、部長職にあった社員を降格・賃金減額した裁判例において、降格が有効であるとしても、賃金減額については減額の合理性、客観性が基礎づけられていないことから無効とされた例もあるので、慎重な判断が必要です（スリムビューティーハウス事件（東京地裁平成20年2月29日判決・労判968号124頁））。

　一方で、管理職の部下を指揮監督する能力が著しく低く、職務懈怠等の就業規則上の懲戒事由に該当する場合には、人事権の行使としての降格処分にとどまらず、懲戒処分としての降格も検討することになります。

　もっとも、懲戒処分を行うにあたっては「相当性」が認められる必要があり、能力に欠けることを理由に懲戒解雇が認められるケースは、裁判例上、非常に限定的な場合に限られていることに注意しなければなりません（津軽三年味噌販売事件（東京地裁昭和62年3月30日判決・労判495号12頁））。

　相談事例では、まずは問題となっている営業部長の管理職としての管理能力について、人事考課制度等を活用して適切に評価することが重要です。その結果、管理能力に劣ると判断した場合には、第一に、人事権の行使による降格処分を検討することが考えられます。

　管理能力が著しく劣り、就業規則等の懲戒事由に該当する場合には、懲戒処分としての降格を検討することになりますが、上記のとおり、懲戒処分としての解雇が認められるケースは極めて限定的ですので、慎重な判断が必要です。

相談事例で考える社員への対応③

8　社員の社用PCの私的利用

　PCやスマートフォンを通じたSNSが普及した昨今特有の問題として、業務時間内の社用PCや社用デバイスの私的利用が挙げられます。以下の相談事例を見てみましょう。

　外資系証券会社 A 社は、機密情報の漏洩や SNS 等の不適切な利用により会社のレピュテーションが毀損されることを防ぐべく、社員に対して勤務時間中に社用 PC・スマートフォン等を私的に利用することを就業規則等で明示的に禁止している。

　ところが、ある女性社員 X が、勤務時間中にもかかわらず、社用 PC からプライベートメールを数通程度外部に送付していたことが判明した。かかる女性社員に対して、A 社は就業規則への違反を理由とした懲戒解雇を検討している。

　また、A 社ではコンプライアンスグループ長に対する誹謗中傷メールが出回っていることから、その調査のため、全社的に社内メールをチェックしようと考えているが、特に就業規則では社内メールチェックに関する規定はないため、その可否についても調査を進めている。

　社員は、労働契約の最も基本的な義務として、使用者である会社の指揮命令に服しつつ職務を誠実に遂行すべき義務を有しており、労働時間中は職務に専念し、他の私的活動を差し控えなければなりません（職務専念義務）。

　したがって、勤務時間中に、会社の許可なく PC を私的利用したり、スマートフォンから SNS に投稿等をすることは職務専念義務に違反することとなります。また、かかる PC の私的利用が就業規則等において禁止されており、就業規則中の懲戒事由に該当する場合、会社は当該社員に対して懲戒処分を下すことが認められますが、当該違反をもって直ちに懲戒解雇まで認められるわけではありません。

　この点、外資系広告会社の秘書業務等を行っていた社員が、勤務時間中に 1 日 2 通程度の私用メールを送受信したこと等を理由として解雇された事例について、裁判所は、「社会通念上相当と認められる限度で使用者のパソコン等を利用して私用メールを送受信しても上記職務専念義務に違反するものではないと考えられる」と判示し、解雇を無効としています（グレイワールドワイド事件（東京地裁平成 15 年 9 月 22 日判決・

労判 870 号 83 頁))。

　一方、専門学校の教師が勤務時間中に出会い系サイトに投稿し、関連するメールの送受信をしていたこと等を理由に懲戒解雇された事例においては、裁判所は、当該教師の行為を「職責の遂行に専念すべき義務等に著しく反し、その程度も相当に重い」、教師の「行為は著しく軽率かつ不謹慎であるとともに、これにより控訴人学校の品位、体面及び名誉信用を傷つけるものというべきである」として、懲戒解雇を有効としています（K 工業技術専門学校（私用メール）事件（福岡高裁平成 17 年 9 月 14 日判決・労判 903 号 68 頁））。

　このように、勤務時間中の PC 等の私的利用を禁止する就業規則に違反した場合の懲戒解雇の可否については、個別具体的な事案に応じた判断となりますが、当該違反をもって直ちに懲戒解雇まで認められるわけではないことに留意が必要です。

　なお、社員による PC 等の私的利用をモニタリングすべく、就業規則等においてあらかじめ会社によるモニタリングが可能である旨が規定されている場合には、社員にはもともと会社の PC 等の利用についてプライバシー権が認められないため、会社は日常的に社員による会社の PC 等の使用状況をモニタリングすることが可能です。

　これに対して、就業規則等においてかかる規定が存在しない場合、モニタリングを実施する合理的な必要性があり、その手段・方法が相当であれば、社員のプライバシー権の侵害には該当せず、モニタリングは可能といえます。

　相談事例では、上記グレイワールドワイド事件に照らすと、問題の女性社員が勤務時間中に数通程度のプライベートメールを送信したにとどまるのであれば、「社会通念上相当とされる範囲内」といえ、職務専念義務に違反したものとはいえず、懲戒解雇は認められない可能性が高いでしょう。

　また、誹謗中傷メールを調査するための社内メールの点検については、

点検を行う合理的必要性が認められ、その手段・方法が社会的に相当であれば、社員のプライバシー権の侵害には該当せず、適法に認められるものといえます。

9 相談事例で考える社員への対応④ 配置転換命令への拒否

　組織の成長を期し、適切な人材を適切な部署に配置するための配置転換は、一般的にも広く行われるものですが、これを対象の社員が拒否した場合、企業はどのように対応すべきでしょうか。以下の相談事例をもとに考えてみましょう。

相談事例

　事務用機器の販売会社 A 社は、優れた営業部隊を抱えていることに定評があったが、営業第 1 課の社員 X は、入社 3 年目になるにもかかわらず、一度も営業目標を達成したことがなく、また、改善の傾向も見られないことが問題となっていた。

　そこで A 社は、毎年 4 月 1 日付の定期の人事異動において、X に対してバックオフィスである事務統括部への配置転換の辞令を発したが、X は「私は営業職として採用されたのですから、バックオフィスの事務統括部への異動なんて到底承服できません」と強く主張し、頑なに営業第 1 課からの異動を拒んでいる。

　X には成績不振の問題以外にも、勤務態度や素行等で悪い評判があることから、A 社は配転拒否を理由に懲戒処分を下すことも検討している。

　「配転」とは、従業員の配置の変更であって、職務内容または勤務場所が相当の長期間にわたって変更されるものをいいます。このうち、同一勤務地（事業所）内の勤務箇所（所属部署）の変更のことを「配置転換」といい、勤務地の変更を「転勤」といいます。

　正規従業員については長期雇用が予定されており、使用者である会社に、人事権の一内容として社員の職務内容や勤務地を決定する権限が帰

属することが予定されています（配転命令権）。実務上、このような配転命令権は、就業規則等における配転条項として「業務の都合により出張、配置転換、転勤を命じることがある」等と規定されることが一般的です。

　ただし、この配転命令権はそれぞれの労働契約関係によって行使可能な範囲が決定されるものであり、労働契約上、職種や職務内容、勤務場所が限定されている場合は、社員の同意なく職種変更の配転命令は認められないこととなります（職種限定契約）。

　たとえば、医師、看護師、技師、自動車運転手等の特殊な技術・技能・資格を有する者の職種を定めて雇い入れている場合、長年同一の専門職種に従事させている場合などは、社員との間で職種限定の合意があると判断され、これと異なる配転命令は無効となる場合があります（日本テレビ放送網事件（東京地裁昭和51年7月23日判決・労判257号23頁））。

　なお、会社による配転命令権が認められる場合であっても、社員の利益に配慮して行使されるべきものとされ、濫用されてはならない（業務上の必要性があり、かつ、本人の職業上・生活上の不利益に配慮して行われるべきである）と解されており、転勤命令について、「業務上の必要性が存しない場合又は業務上の必要性が存する場合であつても、…他の不当な動機・目的をもつてなされたものであるとき若しくは労働者に対し通常甘受すべき程度を著しく超える不利益を負わせるものであるとき」は、権利濫用になる、と判断された事例（東亜ペイント事件（最高裁昭和61年7月14日判決・労判477号6頁））があります。

　相談事例では、まず、A社の就業規則等を確認し、A社が配転命令権を有しているかを確認した上で、雇用契約だけでなく、採用時の説明や同様の条件で採用された他の社員の配転の状況、特殊技能の有無、採用後の待遇等を考慮して、社員Xとの間で職種限定の合意がなかったかを確認します。

　さらに、会社側の事情とX側の事情を考慮した上で、本件配置転換が配転命令権の濫用に該当しないかを検討する必要があります。

その結果、Xに対する配置転換が有効であれば、新しい職場である事務統括部での勤務を促し、不合理に拒絶する場合は懲戒処分等を検討することとなります。

10 傷病休職後、業務の変更を希望されたら

　ケガや病気療養のための「傷病休職」を経ても、元通りの業務内容に対応することが難しくなるケースがあります。そのような場合、企業はどのように対応すべきでしょうか。以下の相談事例をもとに考えてみましょう。

相談事例

　A社の社員Xは、現場監督として業務に励んでいたが、趣味のツーリング中の事故で大けがをしたため、3か月間の傷病休職を願い出た。その後、傷病休職期間満了直前に、A社はXから「現場監督業務は厳しいものの、内勤はできるので、内勤業務に変更してもらうことができないか」という復職希望を受けた。

　A社としては、従前の現場監督業務に復帰できないことを理由に休職期間満了とともに解雇すべきか、Xの希望どおり業務を変更して復職させるべきかを悩んでいる。

　法律上、明確な定義はありませんが、「休職」とは、ある従業員について労務に従事させることが不能または不適当な事由が生じた場合に、使用者がその従業員に対して労働契約関係そのものは維持させながら労務への従事を免除すること、または禁止することをいいます。

　なお、「傷病休職」とは、業務外の傷病による長期欠勤が一定期間（3か月〜6か月程度が通常）に及んだときに行われ、当該期間中に傷病から回復し、就労可能となれば復職となるものの、回復しないまま当該期間満了となれば自然退職または解雇となるものをいいます。

　このように、傷病期間中にけが等が回復せず就労可能とならなかった

場合、当該従業員は退職または解雇となる可能性があるため、どのような場合に「治癒」したといえるかが問題となります。

　この点、裁判例では、復職の要件となる「治癒」とは、「従前の職務を通常の程度に行える健康状態に服したときをいう」とされ（平仙レース事件（浦和地裁昭和 40 年 12 月 16 日判決・労判 15 号 6 頁））、ほぼ回復したものの従前の職務を遂行する程度には回復していない場合には、復職は労働者からの権利としては認められない、とされています。

　なお、当該「治癒」の立証責任は、復職を希望する労働者側にあります。

　一方で、病気療養のため現場監督業務の代わりに内勤業務を希望した労働者に対する無給の自宅待機命令について、最高裁は、「労働者が職種や業務内容を特定せずに労働契約を締結した場合においては、現に就業を命じられた特定の業務について労務の提供が十全にはできないとしても、…当該労働者が配置される現実的可能性があると認められる他の業務について労務を提供することができ、かつ、その提供を申し出ているならば、なお債務の本旨に従った履行の提供があると解するのが相当である」として無効としています（片山組事件（最高裁平成 10 年 4 月 9 日判決・労判 736 号 15 頁））。

　この最高裁判例を受けて、その後の裁判例は、傷病休職期間満了時において、従前の業務に復帰できる状態ではないものの、より簡易な業務には就くことができ、そのような業務での復職を希望する者に対しては、使用者は現実に配置可能な業務の有無を検討する義務がある、と判断するようになっています（JR 東海事件（大阪地裁平成 11 年 10 月 4 日判決・労判 771 号 25 頁））。そして、休職期間が満了した労働者に対して、使用者が上記の検討をせずに軽易な業務を提供しないまま自然退職または解雇を行った場合には、解雇権濫用として無効となります。

　相談事例では、X は傷病期間満了直前において、従前の業務よりも簡易な内勤業務への復職を希望していることから、A 社には現実に X を

配置可能な内勤業務がないか、その有無を検討する義務があり、かかる検討をしないまま X を解雇することは、解雇権の濫用として無効となる可能性があります。

11 相談事例で考える社員への対応⑥
無断残業に残業代を支払う必要はあるか

　昨今の働き方改革やワークライフバランスの広まりを受け、残業削減に取り組む企業が増えています。一方で、時間外労働に対する割増賃金が減ることは、従業員の生活に影響を与えることもあり、無断残業を繰り返す社員に苦慮する企業も少なくありません。以下の相談事例をもとに、対応を検討してみましょう。

相談事例

　A 社では、最近のワークライフバランスを尊重する風潮を受け、また、残業代による人件費の高騰を防ぐべく、定時に帰宅できるよう効率的な業務の遂行を励行し、無駄な残業をやめるよう繰り返し社員にアナウンスしている。

　ところが、残業時間の管理が自己申告制であることをいいことに、必要もないのに就業時間後も居残り、残業時間として申告している社員がいて、対応に苦慮している。

　この社員が担当している業務は、基本的には帳簿を管理する等の単純な事務作業であり、勤務時間内に終了できない量ではないと思われるが、何度注意しても居残り残業を止めようとしない。

　労働時間とは、使用者の指揮命令下で、労働力を提供した時間をいいます。

　三菱重工業長崎造船所事件最高裁判決（最高裁平成 12 年 3 月 9 日判決・労判 778 号 8 頁）によれば、労働時間とは、「労働者が使用者の指揮命令下に置かれている時間をいい、右の労働時間に該当するか否かは、労働者の行為が使用者の指揮命令下に置かれたものと評価することができ

るか否かにより客観的に決まるものであって、労働契約、就業規則、労働協約等の定めいかんにより決定されるべきものではない」と判示しています。したがって、会社の残業命令がないなど、会社の指揮命令下になく、社員が勝手に居残って作業をしている場合に、その作業時間は「労働時間」に含まれないため、本来であれば労働基準法上の時間外労働として取り扱う必要はありません。

　もっとも、「使用者の指揮命令」は、明示的である必要はなく、「使用者の明示又は黙示の指示により業務に従事する」場合も労働時間に含まれるとされており、黙示的な残業命令であっても会社の指揮命令下にあったものと判断されることとなります（神代学園ミューズ音楽院事件（東京高裁平成17年3月30日判決・労判905号72頁）、静岡県教育委員会事件（最高裁昭和47年4月6日判決・労判153号9頁））。具体的には、残業で業務を処理することを当然のこととして上司が黙認していた場合や、業務上やむをえない事由があり時間外労働をしていた場合など、時間外労働をせざるをえない客観的な事情がある場合には、黙示の時間外労働命令があったとされる傾向にあり、工事管理者が勤務時間外に業務を行っていたことについて、「業務が所定労働時間内に終了し得ず、残業が恒常的となっていたと認められる」として、黙示の残業指示があったと認定し、労働時間制を肯定した裁判例（とみた建設事件（名古屋地裁平成3年4月22日判決・労判589号））や、従業員が勤務時間外に業務を行っていたことについて、業務内容や勤務時間を詳細に記録して提出し、上司がその内容を確認していたことから、「時間外勤務を知っていながらこれを止めることはなかったというべきであり、少なくとも黙示の時間外勤務命令は存在した」として、労働時間制を肯定した裁判例（ピーエムコンサルタント（契約社員年俸制）事件（大阪地裁平成17年10月6日判決・労判907号5頁））等があります。

　このように、会社が明示的に残業命令をしていなくても、社員による勝手な残業を放置していると、黙示的な残業命令があったとして会社に時間外労働に係る割増賃金の支払義務が肯定される可能性があります。

相談事例では、従前から定時での帰宅を励行し、無駄な残業を止める
よう繰り返しアナウンスしてきており、また、問題社員に対しても直接
残業を止めるよう注意してきていること、さらに業務量も労働時間内に
終了できるような量であり時間外労働をせざるをえない客観的な事情が
あるとはいえないと考えられることから、黙示の残業命令は認められる
可能性は低く、会社が残業代として割増賃金を支払う必要はないと思わ
れます。

12 相談事例で考える社員への対応⑦ 通勤手当の不正受給

自宅から勤務先までの通勤代を支給する企業は少なくありませんが、
社員がそもそもの住所を詐称したり、通勤経路を偽って申告していた場
合、企業はどう対応すべきでしょうか。以下の相談事例をもとに考えて
みましょう。

相談事例

A社では、遠隔地から通勤する社員に対し、会社の認める通勤経路に
限り通勤代を支給している。

ところが、社員Xは、A社が通勤手当ての支払いを認める通勤経路を
申請しつつも、実際には、不便ではあるものの交通費が安く済む通勤経
路を利用して通勤しており、その差額を不正に受け取っていたことが判
明し、不正に通勤手当を受け取っていた期間は4年超、差額は30万円
強に及んだ。

Xは差額の返還を申し出ているが、不正に受け取った金額を毎月の給
与から差し引くとともに、別途懲戒解雇も検討している。

社員が実際の通勤経路と異なる、虚偽の通勤経路を申請し、不正に通
勤手当てを受給していた場合、就業規則違反等を理由に懲戒処分を行う
ことが考えられます。この点、参考例として、図表5-4にまとめた裁判
例が挙げられます。

裁判例	不正受給の期間	被害金額	虚偽の住所の申告の有無	懲戒解雇の有効性
① かどや製油事件 （東京地裁平成11年11月30日判決・労判777号36頁）	約4年5か月	約231万円	有り （虚偽の住民票を提出）	有効
② アール企画事件 （東京地裁平成15年3月28日判決・労判850号48頁）	約3年間	約100万円	有り （虚偽の住所を申告）	有効
③ 光輪モータース事件 （東京地裁平成18年2月7日判決・労判911号85頁）	約4年8か月	約34万円	無し （住所に虚偽はないが、申告した通勤経路と異なる）	無効

　相談事例に類似した裁判例は、図表5-4 ③の光輪モータース事件です。光輪モータース事件では、会社が通勤代の支払いを認める通勤経路を申請しつつも、それよりも不便だが安い通勤経路を利用し、浮かせた通勤手当ての差額分を不正受給した従業員の懲戒解雇の有効性が争われました。裁判例は、通勤経路を変更しなければ、変更前の通勤手当てを受給できたのであり、あえて遠回りの経路を選択したような詐欺的な場合と比較してそれほど悪質ではないこと、現実的な経済的損害が34万円と多額とはいえないこと、返還の準備ができていること、当該従業員は懲戒処分をこれまで受けていないこと等を理由に、懲戒解雇を無効と判示しています。本件を踏まえると、相談事例も、Xが不正受給していた期間は4年超と長期ではあるものの、会社の経済的損害は30万円強に過ぎず、Xも返還の準備ができていること等を考慮すると、Xに対して懲戒解雇までは認められないでしょう。

　なお、労基法24条1項本文は、「賃金は、通貨で、直接労働者に、その全額を支払わなければならない」と規定しており、会社は原則として社員に対して賃金の全額を支払う必要があります（賃金全額払いの原

則）。これは、社員の生活原資を保証するために賃金全体の受領を確保させるという趣旨のものであるため、相殺禁止もこの原則に含まれると解されています。

　この点、会社の従業員に対する不法行為に基づく損害賠償請求権と給与との相殺について、日本勧業経済会事件（最高裁昭和 36 年 5 月 31 日判決・判時 261 号 17 頁）は、「（労基法 24 条 1 項は、）労働者の賃金債権に対しては、使用者は、使用者が労働者に対して有する債権をもつて相殺することは許されないとの趣旨を包含するものと解するのが相当である。このことは、その債権が不法行為を原因としたものであつても変りはない」と判示しており、不法行為債権と給与との相殺についても労基法 24 条 1 項との関係が問題となることに変わりはありません。

　相談事例のように、会社が社員から通勤手当ての不正受給額の返還を請求する場合には、事務処理の簡便さ等から、給与等と不正受給相当を相殺することも考えられますが、上記の原則から、会社が社員の賃金と、会社が有する債権とを一方的に相殺することは、原則として労基法 24 条 1 項本文に違反し、許されません。

　もっとも、賃金全額払いの原則の趣旨は、生活の基盤である賃金を労働者である社員に対して確実に受領させ、社員の経済生活を保護しようとすることにあることからすると、労働者である社員が相殺に同意しており、当該同意が労働者の自由な意思に基づいてされたものであると認めるに足りる合理的な理由が客観的に存在する場合には、かかる趣旨に抵触することもないため、当該同意を得て行った相殺は、労基法 24 条 1 項本文に違反しないと解されます。相談事例でも、X が自由意志に基づいて相殺について同意している場合には、相殺することが許容される可能性があります。

　ただし、前述した賃金全額払いの原則の趣旨に鑑みると、社員の同意がその自由な意志に基づくものであるとの認定は、厳格かつ慎重に行われる必要があります（日新製鋼事件（最高裁平成 2 年 11 月 26 日判決・労判 584 号 6 頁））。その点、企業側としては注意が必要です。

13 移動時間の労働時間該当性

　現場での作業や営業など、会社施設外での就労を行う社員の移動時間は、賃金を支払うべき労働時間に該当するのでしょうか。以下の相談事例をもとに考えてみましょう。

相談事例

　従業員数十人程度の建設会社・Ａ社では、請け負った工事現場に従業員を派遣して工事を行っているが、現場まで向かう方法は各従業員に任せていたところ、従業員が各自で申し合わせて一旦当社事務所に集合し、自動車に乗り合わせて現場まで移動しているケースが増えてきた。

　Ａ社は、このように従業員が会社事務所から現場まで移動するときの移動時間が賃金を支払うべき労働時間にあたるのか、疑問視している。

　労働時間とは、「使用者の作業上の指揮監督下にある時間または使用者の明示または黙示の指示によりその業務に従事する時間」と定義されます。

　裁判例においても、問題の時間において、「労働者が業務に従事しているといえるか」「業務従事のために待機中といえるか」「それら業務従事またはその待機が使用者の義務づけや指示によるのか」などを考察して労働時間性を判断しています（三菱重工業〔会社側上告〕事件（最高裁平成12年3月9日判決・民集54巻3号801頁）、大星ビル管理事件（最高裁平成14年2月28日判決・民集56巻2号361頁）、大林ファシリティーズ事件（最高裁平成19年10月19日判決・民集61巻7号2555頁）。

　労働災害の認定実務における業務の過重性判断にあたって検討する労働時間も、原則としてこれに該当するかどうかで判断されています。

　こうした労働時間の定義を前提に、移動時間が労働時間に該当するかどうかを検討する必要があります。

移動時間については、通勤時間や始業後の移動時間、出張前後の移動時間等の労働時間該当性が問題となります。

　まず、通勤時間は、就労地での労務提供という労働者側の債務の履行準備行為であるとして、労働時間に含めないとされることが一般的です。とはいえ、当該時間が「通勤時間」なのか「始業後の移動時間」なのかについては、具体的事実に沿って判断されます。

　労働災害認定実務においても、通勤時間は業務の過重性の評価対象としないとされています（労災認定基準の作成にあたっての平均的な労働者の生活時間中の通勤時間は約１時間20分とされています）。

　一方、始業後の移動時間については、一旦事業場（会社事務所）に出勤した後に作業現場や営業等での外回りに出る場合には、事業場に出勤した以降の移動時間は、原則として労働時間に含めるべきであるとする見解があります。

　この点について、労災認定基準に明確な記載はありませんが、具体的事実関係に即して労働時間該当性が判断されており、裁判例でも、事実関係に即して結論が分かれています（労働時間該当性を肯定した事例として、総設事件（東京地裁平成20年2月22日判決・労判966号51頁）、否定した事例として、高栄建設事件（東京地裁平成10年11月16日判決・労判758号63頁）、阿由葉工務店事件（東京地裁平成14年11月15日判決・労判836号148頁））。一般的な傾向として、会社事務所への立ち寄りが指示されていたと認められるかという点や、会社事務所で行っている具体的な作業・行動などといった点を評価して判断されています。

　出張先への移動時間については、労働災害実務では、実作業を伴わず使用者からの拘束の程度も低いとして、自ら乗用車を運転して移動する場合や、移動時間中にPCで資料作成を行う場合など、具体的に業務に従事している実態が明確に認められないときには、過重性の評価を行う労働時間としては算定しないものの、当該時間は当然に拘束時間に含まれることから、拘束時間としての評価、検討を要するとされています。

もっとも、出張の目的が物品の運搬であり、移動（旅行）中に当該物品の監視をする必要があるなど、出張の移動そのものが業務性を有する場合には、労働時間に算入することとなります。

　このように、相談事例のような「始業後の移動時間が労働時間に該当するか」は、具体的事実関係に即して労働時間該当性が判断されることになるといえます。

　この点、相談事例に近い阿由葉工務店事件では、労働者が出勤の際に会社事務所に立ち寄り、車両により単独または複数で建築現場に向かっていたからといって、当然に労働時間に該当するわけではなく、「車両による移動は、被告が命じたものではなく、車両運転者、集合時刻等も移動者の間で任意に定めていた」ということであれば、「会社事務所と工事現場との往復は、通勤としての性格を多分に有するものであり、これに要した時間は、労働時間、すなわち、労働者が使用者の指揮命令下に置かれている時間に当たらない」と判断されています。

　相談事例においても、会社が従業員に対して会社事務所に集合することを義務づけているわけではなく、会社事務所で業務の打ち合わせを行っているような実態もないのであれば、現場までの移動時間は労働時間にあたらず、賃金を支払う必要はないといえます。

14 メンタルヘルスの重要性①
労働者のメンタルヘルスの現状と企業対応

　労働者を取り巻く労働環境について、労働者のストレスや心の健康問題が深刻化しているとの報告・指摘が多方面からなされています。

　厚生労働省が取りまとめている資料（厚生労働省「職場における心の健康づくり」）によれば、「仕事や職業生活に関する強い不安、悩み、ストレスがある」労働者の割合は、全体の50～60％を占めています（図表5-5を参照）。

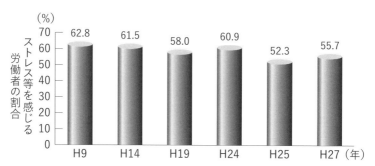

図表 5-5　職業生活でのストレス等の状況

(%)

	62.8	61.5	58.0	60.9	52.3	55.7
	H9	H14	H19	H24	H25	H27 (年)

ストレス等を感じる労働者の割合

※厚生労働省「職場における心の健康づくり」
(https://www.mhlw.go.jp/file/06-Seisakujouhou-11300000-Roudoukijunkyokuanzeneiseibu/0000153859.pdf) をもとに作成

　また、同資料では、その原因について「職場の人間関係の問題」が41.3％、「仕事の質の問題」が33.1％、「仕事の量の問題」が30.3％等との結果が示されています（図表5-6を参照）。

　このように、心の健康問題を訴える従業員は増加傾向にあり、過去1年間にメンタルヘルス不調により連続1か月以上休業または退職した労働者がいる事業所の割合は、約10％に及ぶというデータ[1]もあります。

　また、業務による心理的負荷を原因として精神障害を発症し、あるいは自殺したとして労災認定が行われる事案が近年増加し、社会的にも関心を集めています。自殺者総数が2万人を超えている中で、労働者の自殺者数も7,000人前後で推移しています。

　従業員が心の病気を発症してしまった場合、作業効率の低下や長期にわたる休業、周囲の負担の増加・チーム全体の成果の低下、職場の雰囲気・活力の低下といった問題が生じることになります。

　企業にとっても、従業員の心の健康問題を放置していれば、作業能率が低下するだけでなく、従業員の定着率の低下、さらには深刻な労働災

1　厚生労働省「心の健康問題により休業した労働者の職場復帰支援の手引き」(https://www.mhlw.go.jp/file/06-Seisakujouhou-11300000-Roudoukijunkyokuanzeneiseibu/H25.Return.pdf)

図表 5-6　職業生活におけるストレス等の原因

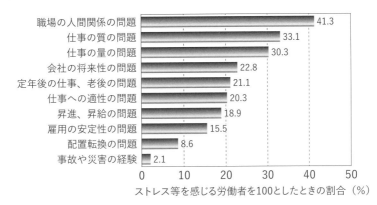

職場の人間関係の問題	41.3
仕事の質の問題	33.1
仕事の量の問題	30.3
会社の将来性の問題	22.8
定年後の仕事、老後の問題	21.1
仕事への適性の問題	20.3
昇進、昇給の問題	18.9
雇用の安定性の問題	15.5
配置転換の問題	8.6
事故や災害の経験	2.1

ストレス等を感じる労働者を100としたときの割合（%）

※出典：厚生労働省「職場における健康づくり」
(https://www.mhlw.go.jp/file/06-Seisakujouhou-11300000-Roudoukijunkyokuanzeneiseibu/0000153859.pdf)

害に発展するおそれもあるため、メンタルヘルス対策に積極的に取り組むようになってきています。最近では、メンタルヘルス対策に着手している事業所の割合は、約60%にのぼるというデータ[2]もあります。

　国も、このような事態を受け止め、厚生労働省は「労働者の心の健康の保持増進のための指針」（以下、「メンタルヘルス指針」。平成18年3月策定、平成27年11月30日改正）を定め、職場におけるメンタルヘルス対策を推進しています。

　メンタルヘルス指針では、事業者は、自らがストレスチェック制度を含めた事業場におけるメンタルヘルスケアを積極的に推進することを表明するとともに、衛生委員会等において十分調査審議を行い、「心の健康づくり計画」やストレスチェック制度の実施方法等に関する規程を策定することが求められています。また、「心の健康づくり計画」には、以下の事項を盛り込むことが求められます。

2　厚生労働省「職場における健康づくり」(https://www.mhlw.go.jp/new-info/kobetu/roudou/gyousei/anzen/dl/101004-3.pdf)

▶事業者がメンタルヘルスケアを積極的に推進する旨の表明に関すること

▶事業場における心の健康づくりの体制の整備に関すること

▶事業場における問題点の把握およびメンタルヘルスケアの実施に関すること

▶メンタルヘルスケアを行うために必要な人材の確保および事業場外資源の活用に関すること

▶労働者の健康情報の保護に関すること

▶心の健康づくり計画の実施状況の評価および計画の見直しに関すること

▶その他労働者の心の健康づくりに必要な措置に関すること

なお、メンタルヘルスケアでは、PDCAサイクルを回していくことが望ましいといえます（図表5-7を参照）。

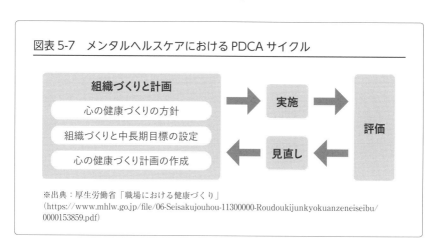

図表5-7　メンタルヘルスケアにおけるPDCAサイクル

組織づくりと計画
心の健康づくりの方針
組織づくりと中長期目標の設定
心の健康づくり計画の作成

実施

評価

見直し

※出典：厚生労働省「職場における健康づくり」
(https://www.mhlw.go.jp/file/06-Seisakujouhou-11300000-Roudoukijunkyokuanzeneiseibu/0000153859.pdf)

そして、メンタルヘスケアは、「セルフケア」「ラインによるケア」「事業場内産業保健スタッフ等によるケア」「事業場外資源によるケア」の「4つのケア」（図表5-8を参照）が継続的かつ計画的に行われることが重要とされています。

企業には、厚生労働省が推奨する上記の4つのケア（①セルフケア、

②ラインケア、③事業場内産業保健スタッフ等によるケア、④事業場外資源によるケア）を参考に、メンタルヘルスケアの PDCA サイクルを回していくことが求められています。

図表 5-8　メンタルヘルスケアに関する望ましい企業対応

心の健康づくり計画の策定

4つのケア

セルフケア

　事業者は労働者に対して、次に示すセルフケアが行えるように教育研修、情報提供を行うなどの支援をすることが重要です。
　また、管理監督者にとってもセルフケアは重要であり、事業者はセルフケアの対象として管理監督者も含めましょう。
・ストレスやメンタルヘルスに対する正しい理解
・ストレスチェックなどを活用したストレスへの気付き
・ストレスへの対処

ラインによるケア

・職場環境等の把握と改善
・労働者からの相談対応
・職場復帰における支援、など

事業場内産業保健スタッフ等によるケア

　事業場内産業保健スタッフ等は、セルフケア及びラインによるケアが効果的に実施されるよう、労働者及び管理監督者に対する支援を行うとともに、次に示す心の健康づくり計画の実施にあたり、中心的な役割を担うことになります。
・具体的なメンタルヘルスケアの実施に関する企画立案
・個人の健康情報の取扱い
・事業場外資源とのネットワークの形成やその窓口
・職場復帰における支援、など

事業場外資源によるケア

・情報提供や助言を受けるなど、サービスの活用
・ネットワークの形成
・職場復帰における支援、など

※出典：厚生労働省「職場における健康づくり」
（https://www.mhlw.go.jp/file/06-Seisakujouhou-11300000-Roudoukijunkyokuanzeneiseibu/0000153859.pdf）

15 ハラスメントトラブルの増加

　労働者のストレスや心の健康問題が深刻化する最も多い原因として、「職場の人間関係の問題」が挙げられていることは、**14**でも述べたとおりです。

　ハラスメントトラブルも、職場の人間関係の問題が発展したものと見ることができます。

　上記の「職場の人間関係の問題」には、上司や部下、同僚同士との間でのコミュニケーションがうまくとれなかったり、相性が悪かったりという程度のものもありますが、深刻なハラスメントトラブルも相当程度含まれており、その割合は年々増加傾向にあります。厚生労働省によれば、民事上の個別労働紛争の相談件数のうち、「いじめ・嫌がらせ」に関する相談件数は、平成14年度は約6,600件だったものが、平成23年度は約4万5,900件、平成30年度は前年度比14.9％増の8万2,797件にまで増加しているというデータ[3]があります。

　ハラスメントトラブルは、深刻化すると被害者がうつ病を発症したり、ときには自傷行為・自殺に至るなど、極めて重大な事態を招く可能性があり、加害者も懲戒処分の対象になるだけでなく、人事評価にも影響し、左遷や降格となるなど、被害者・加害者ともに生活や一生が一変してしまいます。

　また、ハラスメントトラブルは、「加害者」と「被害者」という当事者同士の問題にとどまらず、企業にも重大な影響を与える可能性があります。ハラスメントトラブルに伴うコンプライアンスリスクについては**20**で説明しますが、企業としては、当事者だけでなく企業の問題にも発展するおそれがあること十分に理解した上で、未然にハラスメントトラブルを防止する対策を講じていかなければなりません。

3　厚生労働省「平成30年度個別労働紛争解決制度の施行状況」
　（https://www.mhlw.go.jp/content/11201250/000521619.pdf）

16 パワハラ防止法とは?

2019年5月29日に、職場におけるパワーハラスメント（以下、「パワハラ」）の防止措置を企業に義務づける「女性の職業生活における活躍の推進に関する法律等の一部を改正する法律」が成立しました。同法に伴う改正法は、大企業では2020年6月1日から、中小企業では2022年4月1日から施行されます。

上記改正法によって、「労働施策の総合的な推進並びに労働者の雇用の安定及び職業生活の充実等に関する法律」（略称「労働施策総合推進法」）に、パワハラが法規制の対象となることが明確化されました。

なお、「パワハラ防止法」「ハラスメント規制法」といった名称は、メディアによる通称で、いずれも正式名称ではありません。公式な略称は上記のとおり「労働施策総合推進法」ですが、本書では便宜上、「パワハラ防止法」を用いることとします。

今回成立したパワハラ防止法のポイントは、ひとえに、日本で初めて法律上にパワーハラスメントについて規定し、その防止のための措置を講じる義務を企業に課したことにあります。

パワハラ防止法によってパワーハラスメントの定義が法律上も明記された意義は、「どこまでが許される注意・指導で、どこからが違法なパワーハラスメントなのか」を判断・検討する上で、一定の目安となります。

もっとも、別途詳述するとおり、本法のみではすべてのパワーハラスメントの問題が解決できることは期待し難いところもあるため、今後も厚生労働省による指針の運用や各種裁判例を注視していく必要があります。

パワハラ防止法の概要は以下のとおりです。

▶事業主の義務の明確化

職場におけるパワハラ防止のために、事業主に対し、雇用管理上必要な措置を講じることが明確に義務づけられました。

▶行政処分の対象

　適切なパワハラ防止措置を企業が講じていない場合、企業は是正指導等、行政処分の対象となります。今回のパワハラ防止法の成立によって、企業は民事・刑事責任のみならず、行政責任の対応についても検討する必要があることになります。

▶紛争解決方法の制定

　パワハラに関する紛争が生じた場合、調停など個別紛争解決援助の申し出を都道府県労働局長に行うことができるようになります。

▶職場のパワーハラスメントの定義や事業主が講ずべき措置の具体化

　2020年1月15日に、パワハラ防止法に基づく「事業主が職場における優越的な関係を背景とした言動に起因する問題に関して雇用管理上講ずべき措置等についての指針」（令和2年厚生労働省告示5号）が公表されましたが、これによってすべてのパワハラ事例を網羅し、解決に導けるかはいまだ未知数です。企業としては、本指針や実際の運用、行政指導事例や裁判例を検証しながら対応を考えていく必要があります。

▶雇用管理上の措置の具体的内容

　雇用管理上の措置の内容として、以下の事項が明示されることになりました。こちらも2020年1月15日に公表された指針に具体的に規定されています。

・事業主によるパワハラ防止の社内方針の明確化と周知・啓発
・苦情などに対する相談体制の整備
・被害を受けた労働者へのケアや再発防止　等

パワハラを防止する②

17 「パワハラとは何か」を考える

　パワハラ防止法の制定に伴い、2020年1月15日に厚生労働省告示5号「事業主が職場における優越的な関係を背景とした言動に起因する問題に関して雇用管理上講ずべき措置等についての指針」（以下、「パワハラ指針」）[4] が公表されました。

パワハラ指針は、パワハラ防止法（労働施策総合推進法）30条の2第1項・第2項に規定する、職場において行われる業務上必要かつ相当な範囲を超えた優越的な関係を背景とした言動により、雇用する労働者の就業環境が害される（パワハラを受ける）ことのないよう、事業主が雇用管理上講ずべき措置等について、同条第3項の規定に基づき、事業主が適切かつ有効な実施を図るために必要な事項について定めたものです。

　パワハラ指針では、職場におけるパワハラを「職場において行われる①優越的な関係を背景とした言動であって、②業務上必要かつ相当な範囲を超えたものにより、③労働者の就業環境が害されるものであり、①から③までの要素を全て満たすもの」と定義しています。
　なお、「客観的に見て、業務上必要かつ相当な範囲で行われる適正な業務指示や指導」については、パワハラには該当しないとされています。言い方を変えれば、ミスを犯した部下に注意や指導をすること自体は、職務の円滑な遂行上一定程度許容されるといえます。

　この定義は、法令特有の、一般的にはやや難解な表現なので、ここで、ある程度のまとまりごとに分解して、その意味を検討してみましょう。

　定義上の「職場」とは、「業務を遂行する場所」を指しますが、通常就業している場所以外の場所であっても、業務を遂行する場所については「職場」に含まれます。
　そして、「労働者」とは、正規雇用労働者（正社員）だけでなく、パートタイム労働者や契約社員など、いわゆる非正規雇用労働者を含む、事業主が雇用するすべての労働者を指します。また、派遣労働者については、派遣元事業主だけでなく、派遣先も当該労働者にとっての「事業主」とみなされることになります。

4　https://www.no-harassment.mhlw.go.jp/pdf/pawahara_soti.pdf

「優越的な関係を背景とした」言動とは、パワハラを受ける労働者が行為者に対して　抵抗または拒絶することができない蓋然性が高い関係に基づいて行われることをいいます。

　たとえば、以下のような類型が、「優越的な関係」に基づく行為といえます。

① 職務上の地位が上位の者による行為
② 同僚または部下による行為で、当該行為を行う者が業務上必要な知識や豊富な経験を有しており、当該者の協力を得なければ業務の円滑な遂行を行うことが困難であるもの
③ 同僚または部下からの集団による行為で、これに抵抗または拒絶することが困難であるもの

　ここで注意しなければならないことは、パワハラは、必ずしも上司から部下に対するものだけに限られないということです。上記②や③のように、同僚同士や、場合によっては部下から上司に対する言動でも、パワハラに該当する場合があるのです。

　「業務上必要かつ相当な範囲を超えた」言動とは、社会通念に照らし、当該言動が明らかに当該事業主の業務上必要性がない、またはその態様が相当でないものを指します。

　たとえば、「業務上明らかに必要性のない言動」「業務の目的を大きく逸脱した言動」「業務を遂行するための手段として不適当な言動」「当該行為の回数、行為者の数等、その態様や手段が社会通念に照らして許容される範囲を超える言動」などが含まれます。

　この判断にあたっては、さまざまな要素（当該言動の目的、当該言動を受けた労働者の問題行動の有無や内容・程度を含む当該言動が行われた経緯や状況、業種・業態、業務の内容・性質、当該　言動の態様・頻度・継続性、労働者の属性や心身の状況、行為者との関係性等）を総合的に考慮することが適当とされています。個別の事案における労働者の行動

が問題となる場合は、その内容・程度とそれに対する指導の態様等の相対的な関係性が重要な要素となることについても留意が必要です。

「労働者の就業環境が害される」とは、当該言動により、労働者が身体的または精神的に苦痛を与えられ、労働者の就業環境が不快なものとなり、能力の発揮に重大な悪影響が生じる等、当該労働者が就業する上で看過できない程度の支障が生じることを指します。

この判断にあたっては、「平均的な労働者の感じ方」、すなわち、同様の状況で当該言動を受けた場合に、社会一般の労働者が、就業する上で看過できない程度の支障が生じたと感じるような言動であるかどうかを基準とすることが適当とされており、被害を訴える者の主観のみで判断されるわけではありません。

ここまでで、大まかな「パワハラ」のイメージはついたかと思います。18 では、個別の言動例について見ていきましょう。

パワハラを防止する③
18 パワハラと適切な注意・指導の境界

厚生労働省は、パワハラの典型例として、以下の6つを挙げています[5]。なお、この6類型は、パワハラにあたりうるすべての行為を網羅したものではありません。これら以外はパワハラに該当しないということではない点に留意が必要です。

- ▶**身体的な攻撃**：暴行・傷害
- ▶**精神的な攻撃**：脅迫・名誉毀損・侮辱・ひどい暴言
- ▶**人間関係からの切り離し**：隔離・仲間外し・無視
- ▶**過大な要求**：業務上明らかに不要なことや遂行不可能なことの強制、

5　https://www.no-harassment.mhlw.go.jp/foundation/pawahara-six-types/

仕事の妨害

▶**過小な要求**：業務上の合理性なく、能力や経験とかけ離れた程度の
低い仕事を命じることや仕事を与えないこと

▶**個の侵害**：私的なことに過度に立ち入ること

　一方、パワハラ指針では、上記6類型について、典型的にパワハラに
該当すると考えられる例と、該当しないと考えられる例がそれぞれ紹介
されています。

　以下では、各類型における該当例と非該当例を1～2例ずつ紹介しま
すが、パワハラにあたると判断される前提として、これらの言動が、優
越的な関係を背景として行われたものであることが必要となることには
ご留意ください。

　▶**身体的な攻撃**
・該当例：殴打、足蹴りを行うこと／相手に物を投げつけること
・非該当例：誤ってぶつかること
　▶**精神的な攻撃**
・該当例：人格を否定するような言動を行うこと（相手の性的指向・
　性自認に関する侮辱的な言動を行うことを含む）
・非該当例：遅刻など社会的ルールを欠いた言動が見られ、再三注意
　してもそれが改善されない労働者に対して一定程度強く注意をする
　こと
　▶**人間関係からの切り離し**
・該当例：自身の意に沿わない労働者に対して、仕事を外し、長期間
　にわたり、別室に隔離したり、自宅研修させたりすること
・非該当例：新規に採用した労働者を育成するために短期間集中的に
　別室で研修等の教育を実施すること
　▶**過大な要求**
・該当例：長期間にわたる、肉体的苦痛を伴う過酷な環境下での勤務
　に直接関係のない作業を命ずること

・非該当例：労働者を育成するために現状よりも少し高いレベルの業務を任せること

▶**過小な要求**

・該当例：管理職である労働者を退職させるため、誰でも遂行可能な業務を行わせること

・非該当例：労働者の能力に応じて、一定程度業務内容や業務量を軽減すること

▶**個の侵害**

・該当例：労働者を職場外でも継続的に監視したり、私物の写真撮影をしたりすること

・非該当例：労働者への配慮を目的として、労働者の家族の状況等についてヒアリングを行うこと

パワハラの典型的6類型においても該当例・非該当例があるように、すべての注意指導がパワハラに該当するわけではありません。

パワハラにあたるのではないかと過度におそれるあまり、上司や管理職という立場にありながら、部下に対する注意指導を避けることは、上司や管理職としての指導能力を疑われるばかりか、能力不足と評価されるリスクもあります。

労使双方にとって、何がパワハラに該当し、何が適切な注意・指導として許容されるかを正しく理解し、無用な労務トラブルが発生することがないように留意しましょう。

19 パワハラを防止する④ パワハラ発生時の初動対応

パワハラの相談が寄せられたとき、企業はどう対応すべきでしょうか。以下の相談事例をもとに考えてみましょう。

　A社の社内相談窓口に対して、パワハラ被害を訴える内容の通報が寄せられた。人事異動で新しく赴任した担当者にはこうした通報対応の経験がなく、相談者から何を聞けばいいのか、また、どのような段取りで対応すればいいのかわからず、途方に暮れている。

　パワハラ事例が発覚した際に、企業がとるべき対応は「ヒアリングの実施」「事実関係の精査」「社内処分の検討」「再発防止策の構築」です。順を追って見ていきましょう。

◆ ヒアリングの実施

　パワハラの相談があったにもかかわらず、会社が迅速な対応を怠った場合には、不作為を理由として損害賠償責任を負う可能性がある（横浜地裁平成16年7月8日判決・判時1865号123頁、大阪地裁平成21年10月16日判決・平成20年（ワ）5038号を参照）ため、迅速かつ正確なヒアリングを行う必要があります。

　ヒアリングでは、5W1Hを明確にしつつ、時系列に沿ってできる限り詳細に聴き取りを実施するとともに、後の処分や紛争等に備えて内容を書面化しておくことが重要です。一般的なヒアリング項目は、以下のとおりです。

▶ **相談者と加害者との関係**（職位、指揮命令関係、日常的な接点等）

▶ **問題となっている加害者の言動の内容**

▶ **相談者の求める対応・処分の確認**（加害者からの謝罪が得られれば足りるのか、処罰まで求めているのか、配置転換の希望等）

▶ **匿名希望の有無**

▶ **連絡先の開示の可否**

◆ 事実関係の精査

　ヒアリングにおいて確認すべき代表的な事項は上記のとおりですが、事実関係を精査するにあたっては、関係者からのヒアリングだけでなく、メールや手控えメモ等の客観的資料を収集することも検討する必要があります。

　なお、事実関係を精査した後、就業規則や先例に照らして懲戒処分が必要となる場合や、将来の紛争が予想される場合も少なくないため、事実関係の精査の段階から、外部専門家である弁護士に依頼することをお勧めします。

　事実関係を精査するための主なルートとしては、以下のものが挙げられます。

① **客観的資料の収集**（メール、メモ、写真等）
② **相談者からのヒアリング**
③ **加害者からのヒアリング**
④ **第三者（同僚等）からのヒアリング**

　なお、可能であれば事前に客観的資料（①）を収集しておき、相談者・加害者のヒアリング（②③）の際に、発言内容に客観的資料との矛盾がないか、不自然な点がないか等を確認しながら進められると、より効果的です。

　また、加害者からのヒアリング（③）に際しては、事前に相談者からのヒアリング（②）の際に匿名希望の有無を確認しておき、加害者からの報復を禁止するなど、未然に防止するための手当てをしておくことも大切です。

◆ 社内処分の検討

　以上の流れに沿って事実関係を確認したのち、相談者の希望や加害者の行為態様の程度に応じて、加害者に対する懲戒処分を検討することと

なります。

　その際、就業規則や過去の処分事例を参考にしつつ、バランスを失した処分とならないよう留意する必要があります。

♦ 再発防止策の構築

　社内処分の検討まで終えた後は、今後同種の事案が生じないよう、再発防止策を構築することとなります。

　パワハラ対策として一般に行われ、かつ効果的であるとされている対策としては、たとえば以下のものが挙げられます。

- ▶管理職を対象にしたパワハラについての講演や研修会の実施
- ▶一般社員を対象にしたパワハラについての講演や研修会の実施
- ▶パワハラについての相談窓口の設置
- ▶就業規則等の社内規程へのパワハラ禁止に関する規定の盛り込み
- ▶アンケート等による社内の実態調査

　15で触れましたが、パワハラは、職場の人間関係におけるトラブルの延長線上にあります。職場の人間関係に端を発するトラブルは根が深く、容易には解決しないことも少なくありません。したがって、再発防止策を講じたからといってすぐに解決するとは限りません。あらかじめそのような事態を念頭においた上で、継続的にパワハラ防止策を計画・実施しつつ、その効果を検証してさらなる改善策を検討する、PDCAサイクルを意識する必要があります。

　なお、的確なヒアリングの実施や懲戒処分等に必要な事実を漏れなく整理し、効果的な再発防止策を構築するためには、専門的な知識・経験が必要となるため、相談内容の深刻さ等によっては、速やかに弁護士に依頼することも視野に入れておくとよいでしょう。

20 パワハラによるコンプライアンスリスクと予防策

　パワハラが発生・発覚した際に、企業にはどのような影響があるのでしょうか。以下の相談事例をもとに考えてみましょう。

相談事例

　A社の社内相談窓口に、匿名でパワハラ被害を訴える内容の通報が寄せられた。通報内容が事実であればパワハラに該当すると思われるが、被害者から訴えられた場合、会社としてどのようなリスクがあるのか。

　また、今後も同じような事態が生じないようにするためには、どのような対策をとるべきか。

　パワハラが行われた場合、加害者個人が被害者に対して責任を負うだけでなく、使用者である会社も、以下のような責任・リスクを負う場合があります。

▶不法行為責任

　会社は、使用する労働者が職務遂行中に第三者に損害を与えた場合、使用者責任として損害賠償責任を負います（民法715条）。

▶債務不履行責任

　使用者である会社は、労働者の安全に配慮する義務を負っている（労働契約法5条）ため、パワハラが生じた場合、職場環境整備義務と職場環境調整義務に違反したものとして、債務不履行責任（民法415条）を問われる場合があります。

　なお、当該従業員が派遣労働者であった場合、上記職場環境の維持は、派遣会社（派遣元）だけでなく、派遣先会社の責任でもありますから、派遣先でパワハラが生じた場合、派遣元だけでなく派遣先も責任を負う可能性があります。

▶行政責任

パワハラ防止法の成立に伴い、今後はパワハラが生じた場合、行政処分の対象になることも考えられます。

▶レピュテーションリスク

パワハラが生じ、訴訟等に発展した場合、取引先等から「コンプライアンス（法令等遵守）のできていない未熟な会社」とみなされ、取引が打ち切られたり、職場環境が劣悪であるとの評判が立ち、リクルート活動等においても不利になるといったリスクもあります。

このように、一旦パワハラが生じた場合、会社に与えるダメージは決して小さなものとはいえません。事後的な対処療法よりも、そもそもパワハラを生じさせない予防策を講じることが重要です。

19で述べた再発防止策と重複しますが、パワハラ対策として一般に行われ、かつ効果的であるとされている対策としては、たとえば以下のものが挙げられます。

> ▶**管理職を対象にしたパワハラについての講演や研修会の実施**
> ▶**一般社員を対象にしたパワハラについての講演や研修会の実施**
> ▶**パワハラについての相談窓口の設置**
> ▶**就業規則等の社内規程へのパワハラ禁止に関する規定の盛り込み**
> ▶**アンケート等による社内の実態調査**

これらの対策は、複数組み合わせることにより、単独の対策以上に効果的な対策となります。また、こうしたパワハラ防止策を実効性のあるものにしていくには、継続的な取り組みと、個々の対策の効果を検証してさらなる改善策を検討する、PDCAサイクルを意識する必要があります。

21 セクハラの定義から注意すべき言動を理解する

パワハラと並ぶハラスメントトラブルに、セクシュアル・ハラスメント（以下、「セクハラ」）があります。そもそも「セクハラ」とはどのようなことを指すのでしょうか。以下の相談事例をもとに考えてみましょう。

相談事例

　入社1年目の女性新入社員Xは、職場の歓送迎会で直属の上司にあたる課長から、同僚も大勢参加している中で「処女じゃないだろう」「エイズ検査を受けた方がいい」といった発言を繰り返し受けた。

　Xは、いくら飲み会での酔った上での発言とはいえ、到底我慢できるものではないと、セクハラとして相談窓口への通報を検討している。

　セクハラについては、男女雇用機会均等法においても明確な定義はありません（同法11条を参照）が、一般的には「相手方の意に反する性的言動」と定義されることが多く、パワハラ同様、職場内の人格権侵害の一類型として捉えられています。

　「相手方の意に反する」という点が比較的重視されるため、不法行為上の違法性があるとまではいえなくても、被害者は、その主観に基づき必要な措置をとるよう行政手続で要求することができる点で、パワハラとは異なります。人事院通知「人事院規則10-10（セクシュアル・ハラスメントの防止等）の運用について」の別紙1「セクシュアル・ハラスメントをなくすために職員が認識すべき事項についての指針」おいても、性に関する言動に対する受け止め方には個人差や男女間で差があり、セクハラにあたるか否かについては、（被害者である）相手の判断が重要であると明示されています。

　もっとも、厚生労働省都道府県労働局雇用均等室による事業者向け啓発資料（「事業主の皆さん　職場のセクシュアルハラスメント対策はあ

なたの義務です‼」など）では、セクシャルハラスメントの判断基準について、以下のように提示されています。

　　セクシュアルハラスメントの状況は多様であり、判断に当たり個別の状況を斟酌する必要があります。また、「労働者の意に反する性的な言動」および「就業環境を害される」の判断に当たっては、<u>労働者の主観を重視しつつも、事業主の防止のための措置義務の対象となることを考えると一定の客観性が必要です。</u>

　　一般的には意に反する身体的接触によって強い精神的苦痛を被る場合には、1回でも就業環境を害することとなり得ます。継続性または繰り返しが要件となるものであっても、「明確に抗議しているにもかかわらず放置された状態」または「心身に重大な影響を受けていることが明らかな場合」には、就業環境が害されていると判断し得るものです。また、男女の認識の違いにより生じている面があることを考慮すると、<u>被害を受けた労働者が女性である場合には「平均的な女性労働者の感じ方」を基準とし、被害を受けた労働者が男性である場合には「平均的な男性労働者の感じ方」を基準とすること</u>が適当です。

　このように、セクシャルハラスメントの判断基準は、被害者の主観も重視される一方、一定の客観性も必要とされることになり、必ずしも被害者の主観だけでセクハラに該当すると判断されるわけではないことにも留意する必要があります。

　先に述べたように、セクハラは人格権侵害の1類型として整理されていますので、どのような行為が私法上違法と評価されるかは、パワハラの場合と同様、人格権侵害における違法性の判断基準と同様に考えることができます。

　裁判例においては、（被害者・加害者）「両当事者の職務上の地位・関係、行為の場所・時間・態様、被害者の対応等の諸般の事情を考慮して、行為が社会通念上許容される限度を超え、あるいは社会的相当性を超え

ると判断されるときに不法行為が成立する」と判示されています（金沢セクハラ事件（名古屋高裁金沢支部平成8年10月30日判決・労判707号37頁））。

　セクハラに該当するとして不法行為責任を肯定した裁判例は多岐にわたりますが、典型的には以下の類型がセクハラに該当するものとされています。

① **身体的接触**（抱きつき、キスをする等）
② **性的発言**（恋人の有無についての質問、容貌についての批評、結婚・出産について尋ねる等）
③ **異性関係に関する噂の流布**

　このように、性的発言（②）や異性関係に関する噂の流布など（③）もセクハラに該当しえます。

　相談事例については、職場における上司から部下に対する性的言動のすべてが違法と評価されるものではありませんが、上記金沢セクハラ事件における判断基準に照らし、酒席とはいえ、他の従業員が多数参加している面前で、課長が新入社員に対して直接的な性的言動を繰り返すことは、社会通念上許容される限度を超えるものと評価される可能性が高いといえます。

セクハラを防止する②
22 セクハラ該当性の判断基準とは？

　厚生労働省が定める「事業主が職場における性的な言動に起因する問題に関して雇用管理上講ずべき措置についての指針」（平成18年厚生労働省告示615号、最終改正：平成28年厚生労働省告示314号）（以下、「セクハラ指針」）[6]では、セクハラには以下の2分類があると整理されて

6　https://www.mhlw.go.jp/file/06-Seisakujouhou-11900000-Koyoukintoujidoukateikyoku/0000133451.pdf

います。

▶（対価型）セクシュアルハラスメント

職場において行われる労働者の意に反する性的な言動に対する労働者の対応により、当該労働者が解雇、降格、減給等の不利益を受けること

▶（環境型）セクシュアルハラスメント

職場において行われる労働者の意に反する性的な言動により労働者の就業環境が不快なものとなったため、能力の発揮に重大な悪影響が生じる等当該労働者が就業する上で看過できない程度の支障が生じること

もっとも、実務上は、セクハラに該当すると思われる言動が、上記のどちらに該当するかを整理する実益はあまりなく、「労働者の意に反する性的言動」がなされたかどうかが重視されます。

また、セクハラ指針では、本指針によるセクハラ被害の対象は、異性に限られず、同性に対するものも含まれ、被害者の性的指向または性自認に関係なく対象となることが明記されていることには留意が必要です。

ところで、具体的にどのような言動がセクハラにあたるかという点については、判断に悩まれる方もいるのではないでしょうか。

たとえば、以下のような言動は、セクハラに該当するといえるでしょうか。

▶「スリーサイズは？」
▶「そろそろ更年期？」
▶「これまでに付き合った人は何人いる？」
▶「AさんはB課長と付き合っているの？」
▶「男のくせに根性がない」
▶「男の子だから仕方ないね」
▶「女の子だから仕方ないね」
▶「女には仕事を任せられない」

▶「女性は職場の花であればいいよ」

▶「僕にはまだ無理かな？」

▶「お嬢さんだからこんな仕事はできないでしょう」

▶「おじさん、しっかりしてくださいよ」

▶「おばさん、もう疲れたんですか」

▶「今度こそ食事に行こう」（すでに何度も誘っている）

▶「一緒にデュエットしないとだめだよ」（カラオケ店にて）

　この点、どのような言動がセクシャル・ハラスメントに該当するかどうかは、21 でも触れた、人事院による「セクシュアル・ハラスメントをなくすために職員が認識すべき事項についての指針」が参考になります。同指針では、セクハラに対する職員が認識すべき事項を、以下のように規定しています。

第1　セクシュアル・ハラスメントをしないようにするために職員が認
　　　識すべき事項

1　（略）

2　基本的な心構え

　職員は、セクシュアル・ハラスメントに関する次の事項について十分認識しなければならない。

　一　性に関する言動に対する受け止め方には個人間で差があり、セクシュアル・ハラスメントに当たるか否かについては、相手の判断が重要であること。

　　具体的には、次の点について注意する必要がある。

　(1) 親しさを表すつもりの言動であったとしても、本人の意図とは関係なく相手を不快にさせてしまう場合があること。

　(2) 不快に感じるか否かには個人差があること。

　(3) この程度のことは相手も許容するだろうという勝手な憶測をしないこと。

　(4) 相手との良好な人間関係ができていると勝手な思い込みをしないこと。

（中略）

3　セクシュアル・ハラスメントになり得る言動

　セクシュアル・ハラスメントになり得る言動として、例えば、次のようなものがある。

一　職場内外で起きやすいもの

(1)　性的な内容の発言関係

　ア　性的な関心、欲求に基づくもの

　　① スリーサイズを聞くなど身体的特徴を話題にすること。

　　② 聞くに耐えない卑猥な冗談を交わすこと。

　　③ 体調が悪そうな女性に「今日は生理日か」、「もう更年期か」などと言うこと。

　　④ 性的な経験や性生活について質問すること。

　　⑤ 性的な噂を立てたり、性的なからかいの対象とすること。

　イ　性別により差別しようとする意識等に基づくもの

　　①「男のくせに根性がない」、「女には仕事を任せられない」、「女性は職場の花でありさえすればいい」などと発言すること。

　　②「男の子、女の子」、「僕、坊や、お嬢さん」、「おじさん、おばさん」などと人格を認めないような呼び方をすること。

　　③ 性的指向や性自認をからかいやいじめの対象とすること。

(2)　性的な行動関係

　ア　性的な関心、欲求に基づくもの

　　① ヌードポスター等を職場に貼ること。

　　② 雑誌等の卑猥な写真・記事等をわざと見せたり、読んだりすること。

　　③ 身体を執拗に眺め回すこと。

　　④ 食事やデートにしつこく誘うこと。

　　⑤ 性的な内容の電話をかけたり、性的な内容の手紙・Eメールを送ること。

　　⑥ 身体に不必要に接触すること。

　　⑦ 浴室や更衣室等をのぞき見すること。

　イ　性別により差別しようとする意識等に基づくもの

　　女性であるというだけで職場でお茶くみ、掃除、私用等を強要すること。

二　主に職場外において起こるもの

　　ア　性的な関心、欲求に基づくもの

　　　　性的な関係を強要すること。

　　イ　性別により差別しようとする意識等に基づくもの

　　　① カラオケでのデュエットを強要すること。

　　　② 酒席で、上司の側に座席を指定したり、お酌やチークダンス等

　　　　を強要すること。

　以上の人事院の指針によれば、上記で列挙した発言は、相手の受け取り方次第で、いずれもセクハラに該当しうることになります。

　このように、セクハラに該当するかどうかの判断にあたっては、行為者の主観で判断するのではなく、相手がどう受け止める可能性があるかという点を慎重に検討する必要があります。

セクハラを防止する③

23　セクハラ発生時の初動対応

　セクハラの相談が寄せられたとき、企業はどう対応すべきでしょうか。以下の相談事例をもとに考えてみましょう。

相談事例

　A社の社内相談窓口に、セクハラ被害を訴える内容の通報が寄せられた。

　ところが、担当者はこれまでセクハラ対応の経験がなく、何を確認すればいいのか、聞き取りに際して何に注意すればよいのか、どのような段取りで対応すればいいのかがわからず、途方に暮れている。

　セクハラ事例が発覚した際に、企業がとるべき対応は「ヒアリングの実施」「事実関係の精査」「被害者のプライバシー保護」「社内処分の検討」「再発防止策の構築」です。順を追って見ていきましょう。

◆ ヒアリングの実施

　パワハラ事例について**19**で述べたことと重複しますが、ハラスメントの相談があったにもかかわらず、会社が迅速な対応を怠った場合、不作為を理由として損害賠償責任を負う可能性がある（横浜地裁平成16年7月8日判決・判時1865号123頁、大阪地裁平成21年10月16日判決・平成20年（ワ）5038号を参照）ため、迅速かつ正確なヒアリングを行う必要があります。

　ヒアリングでは、5W1Hを明確にしつつ、時系列に沿ってできる限り詳細なヒアリングを実施するとともに、後の処分や紛争等に備えてヒアリング内容を書面化しておくことが重要です。一般的なヒアリング項目は、以下のとおりです。

> ▶**相談者と加害者との関係**（職位、指揮命令関係、日常的な接点等）
> ▶**問題となっている加害者の言動の内容**
> ▶**相談者の求める対応・処分の確認**（加害者からの謝罪が得られれば足りるのか、処罰まで求めているのか、配置転換の希望等）
> ▶**匿名希望の有無**
> ▶**連絡先の開示の可否**

◆ 事実関係の精査

　ヒアリングにおいて確認すべき代表的な事項は上記のとおりですが、事実関係を精査するにあたっては、関係者からのヒアリングだけでなく、メールや手控えメモ等の客観的資料を収集することも検討する必要があります。

　なお、事実関係を精査した後、就業規則や先例に照らして懲戒処分が必要となる場合や、将来の紛争が予想される場合も少なくないため、事実関係の精査の段階から、外部専門家である弁護士に依頼することをお勧めします。

　事実関係を精査するための主なルートとしては、以下のものが挙げら

れます。

① **客観的資料の収集**（メール、メモ、写真等）
② **相談者からのヒアリング**
③ **加害者からのヒアリング**
④ **第三者（同僚等）からのヒアリング**

　なお、可能であれば、事前に客観的資料（①）を収集しておき、相談者・加害者のヒアリング（②③）の際に、発言内容に客観的資料との矛盾がないか、不自然な点がないか等を確認しながら進められると、より効果的です。

　また、加害者からのヒアリング（③）に際しては、事前に相談者からヒアリング（②）の際に匿名希望の有無を確認しておき、加害者からの報復を禁止するなど、未然に防止するための手当てをしておくことも大切です。

◆ 被害者のプライバシー保護

　セクハラ事案は、地位や上下関係を利用して行われることが多く、非正規労働者や新入社員など、立場の弱い労働者が被害者となるのが一般的です。そのため、被害者は、職を失うことやトラブルメーカー扱いされること等を恐れ、加害者に迎合するような態度をとったり、相談自体をためらう場合もあります。

　ヒアリングや事実関係の調査に際しては、被害者の心情・プライバシー保護に十分配慮し、ヒアリング等の実施自体が二次被害とならないよう注意する必要があります。

◆ 社内処分の検討

　以上の流れに沿って事実関係を確認したのち、相談者の希望や加害者の行為態様の程度に応じて、加害者に対する懲戒処分を検討することとなります。

その際、就業規則や過去の処分事例を参考にしつつ、バランスを失した処分とならないよう留意する必要があります。

◆ 再発防止策の構築

社内処分の検討まで終えた後は、今後同種の事案が生じないよう、再発防止策を構築することとなります。

セクハラ対策として一般に行われ、かつ効果的であるとされている対策としては、たとえば以下のものが挙げられます。

> ▶管理職を対象にしたセクハラについての講演や研修会の実施
> ▶一般社員を対象にしたセクハラについての講演や研修会の実施
> ▶セクハラについての相談窓口の設置
> ▶就業規則等の社内規程へのセクハラ禁止規定の盛り込み
> ▶アンケート等による社内の実態調査

15 で触れましたが、セクハラは、パワハラ同様に職場の人間関係におけるトラブルの延長線上にあります。職場の人間関係に端を発するトラブルは、根が深く、容易には解決しないことも少なくありません。したがって、再発防止策を講じたからといってすぐに解決するとは限りません。あらかじめそのような事態を念頭においた上で、継続的にセクハラ防止策を計画・実施しつつ、その効果を検証してさらなる改善策を検討する、PDCA サイクルを意識する必要があります。

なお、的確なヒアリングの実施や懲戒処分等に必要な事実を漏れなく整理し、効果的な再発防止策を構築するためには、専門的な知識・経験が必要となるため、相談内容の深刻さ等によっては、速やかに弁護士に依頼することも視野に入れておくとよいでしょう。

24 セクハラに伴う会社コンプライアンスリスクと予防策

セクハラが発生・発覚した際に、企業にはどのような影響があるのでしょうか。以下の相談事例をもとに考えてみましょう。

相談事例

A社の社内相談窓口に、「上司から連日『お前は男を知らないのか』『ワシ、○○ちゃんが欲しい』と言われたり、体を触られたりしていてもう耐えられそうにない。今すぐ何とかしてください」という通報が入った。

通報内容が事実であればセクハラに該当し、緊急に対応する必要があると思われるが、被害者から訴えられた場合、会社としてどのようなリスクがあるのか。

また、今後も同じような事態が生じないようにするためには、どのような対策をとるべきか。

セクハラが行われた場合、加害者個人が被害者に対して責任を負うだけでなく、使用者である会社も、以下のような責任・リスクを負う場合があります。

▶不法行為責任

会社は、使用する労働者が職務遂行中に第三者に損害を与えた場合、使用者責任として損害賠償責任を負います（民法715条）。

▶債務不履行責任

使用者である会社は、労働者の安全に配慮する義務を負っている（労働契約法5条）ため、セクハラが生じた場合、職場環境整備義務及び職場環境調整義務に違反したものとして、債務不履行責任（民法415条）を問われる場合があります。

なお、従業員が派遣労働者であった場合、上記職場環境の維持は、派遣会社（派遣元）だけでなく、派遣先会社の責任でもありますから、派

遣先でセクハラが生じた場合、派遣元だけでなく派遣先も責任を負う可能性があります。

▶レピュテーションリスク

セクハラが生じた場合、企業イメージが悪化し、職場環境の悪化による就業意欲の低下等を招くおそれがあるとともに、人材の流出やリクルート活動等においても不利になるといったリスクも生じます。

▶行政指導・企業名公表等

セクハラ事案が発生した場合、厚生労働大臣（実際には権限を委任された都道府県労働局長）による行政指導（男女雇用機会均等法29条）の対象となり、企業名の公表制度の対象となる（同法30条）とともに、都道府県労働局長による紛争解決の援助の対象ともなります（同法16条）。

セクハラ指針によれば、セクハラ防止の観点から、事業主には以下の措置を講じることが義務づけられています。

- **▶セクハラがあってはならない旨の事業主の方針の明確化とその周知・啓発**
- **▶相談に応じ適切に対処するために必要な体制の整備**（相談窓口、担当者、人事部門との連携等）
- **▶事後の迅速かつ適切な対応**（事実関係の迅速・正確な確認、行為者・被害者に対する適正な措置、再発防止措置）
- **▶相談や事後対応におけるプライバシーの保護、相談や事実確認への協力を理由とする不利益扱い禁止の周知・啓発**

なお、セクハラ指針によれば、「職場」とは、通常就業している場所に限られず、職務を遂行する場としての取引先、飲食店、出張先、車中や職務の延長としての宴会等も含まれ、「労働者」とは、正規労働者のみならず、パートタイム労働者、非正規労働者も含み、当該労働者が派遣労働者であった場合には、派遣元事業主のみならず派遣先事業主につ

いても上記措置を講じることが必要とされていることに注意が必要です。

　このように、一旦セクハラ事案が発生した場合、会社に与えるダメージは決して小さなものとはいえません。事後的な対処療法よりも、そもそもセクハラを生じさせない予防策を講じることが重要です。

　セクハラ対策として一般に行われ、かつ効果的であるとされている対策としては、たとえば以下のものが挙げられます。

> ▶管理職を対象にしたセクハラについての講演や研修会の実施
> ▶一般社員を対象にしたセクハラについての講演や研修会の実施
> ▶セクハラについての相談窓口の設置
> ▶就業規則等の社内規程へセクハラ禁止規定の盛り込み
> ▶アンケート等による社内の実態調査

　これらの対策は複数組み合わせることにより、単独の対策以上に効果的なセクハラ対策となります。また、こうしたセクハラ防止策を実効性のあるものにしていくには、継続的な取り組みと、個々の対策の効果を検証してさらなる改善策を検討する、PDCAサイクルを意識する必要があります。

第 **6** 章

コンプライアンスリスクを
最小限化するクレーム対応とは

① クレームとは何か?

　とある大手通販サイトを運営する会社が「送料一律無料」を打ち出したところ、出店者から多数のクレームを受け、ついには公正取引委員会が調査に乗り出し、令和2 (2020) 年2月28日には緊急停止命令を発したという一連の出来事は、みなさんの記憶に新しいことと思います。

　このように、クレームに端を発した一連の出来事により企業の社会的な信頼が損なわれ、企業活動に多大な影響を及ぼすことは少なくありません。他方で、日常的に商品やサービスに接する顧客からのクレームは、企業にとって、商品やサービスを改善したり、新たに商品を開発する契機にもなる大切な意見でもあります。したがって、クレームに対する適切な対応は、コンプライアンスの観点から非常に重要な位置づけとなります。

　法律上、クレーム（苦情）について言及しているものとして、社会福祉法82条が挙げられます。

社会福祉法

（社会福祉事業の経営者による苦情の解決）

第82条　社会福祉事業の経営者は、常に、その提供する福祉サービスについて、利用者等からの苦情の適切な解決に努めなければならない。

　社会福祉事業に限らず、経営者は、常に利用者から寄せられる苦情の適切な解決に努めることがコンプライアンス上も要請されます。

　しかし、そもそも苦情とは何か、苦情をどのように解決すればよいのかについては、法律上、指針上も何ら道筋が示されていません。

　筆者の判例検索システムを使用した調査においても、「得体のしれない物音がする」「有害な電波を出している」等のクレームは社会通念上の受忍限度を超えた違法なものであり、不法行為を構成すると判断した

裁判例（東京地裁平成 27 年 12 月 17 日判決・平成 26 年（ワ）15709 号）
はあったものの、クレームを定義づけたものは見当たりませんでした。

　厚生労働省も、クレームについて「事業主が労働者の安全に配慮する
ために対応が求められる点においては、顧客や取引先からの迷惑行為は
職場のパワーハラスメントと類似性があるものとして整理することが考
えられる」[1]とする一方で、職場のパワーハラスメントとは異なり「顧客
の要求に応じないことや、顧客に対して対応を要求することが事業の妨
げになる場合がある」等と整理していますが、定義づけは何ら示してお
らず、法制化の議論も進展していません。

　一方で、日本最大の産業別労働組合である UA ゼンセン（https://
uazensen.jp/）が作成した「悪質のクレームの定義とその対応に関する
ガイドライン」（以下「ガイドライン」）では、クレームを「クレームと
は、商品・サービスに関して消費者から不満がおこり、会社（店舗）に
責任ある対応を求められること」（ガイドライン 3 頁）と定め、「悪質な
クレーム」に対しては毅然とした対応をとるべきであるとし、「悪質な
クレーム」を「要求内容、又は、要求態度が社会通念に照らして著しく
不相当であるクレーム」（ガイドライン 9 頁）と説明しています。
　UA ゼンセンは、2019 年 8 月にクレームに関する法整備を要求する
署名を集めて厚生労働省に提出し、要望を受けた厚生労働省も諮問機関
である労働政策審議会の協力を得てクレームの法整備を検討したもの
の、いまだ実現には至っていません。

　このように、法律上、指針上も何ら明確な規定がなく、裁判例におい
ても受忍限度論という明確な判断基準が示されていない現状がある中に
あっては、UA ゼンセンが作成したガイドラインは、各企業のクレーム
対策を策定、実施するにあたり重要な参考資料となります。

---

[1]　厚生労働省「職場のパワーハラスメント防止対策についての検討会報告書」（平成 30 年 3 月）25 頁

② 顧客による悪質なクレーム行為とその対応

　報道機関によると、顧客の従業員に対する悪質なクレーム、悪質な迷惑行為、カスタマーハラスメントと言われる行為により、2018年までの10年間で78名が労災認定を受け、78名中24名が自殺したとされています[2]。

　こうしたことから、厚生労働省は、「職場のパワーハラスメント防止対策についての検討会報告書」（平成30年3月）において、顧客の著しい迷惑行為に対する呼び名として「カスタマーハラスメント」や「クレーマーハラスメント」などの概念を紹介しています。

　このように社会的な問題になりつつある悪質なクレームについては、企業のコンプライアンスの観点からも、適切な対応が求められます。

　企業は、顧客の従業員に対する悪質なクレームを放置し続けたことにより、従業員が精神障害に罹患するなどした場合には、職場の安全配慮義務違反、健康配慮義務違反（労働契約法5条）の責任を問われる可能性があります。その一方で、企業は、従業員が顧客のクレームに逆上し、顧客への暴言や暴力行為に及んだ場合には、使用者責任（民法715条）に基づき、顧客に対して損害賠償の責任を負います。

　さらに、顧客が暴言、暴力行為に及んだ従業員の行動を撮影した動画を、TwitterやYouTubeをはじめとするSNSに投稿した場合には、仮に顧客の行為が悪質であり、従業員をあえて逆上させたのだとしても、企業としてのレピュテーションリスクの発生は避けられません。

　このように、クレームに対するコンプライアンスリスクには、職場の安全配慮義務および健康配慮義務違反、使用者責任、レピュテーションリスクが考えられます。

　以下では、顧客の悪質なクレームの主な類型を、参考となる簡略な対

2　毎日新聞2019年11月5日付け朝刊社説「増える「カスハラ」　現場任せにしていないか」

応方針とともに５つ紹介します。

◆ 暴言行為

　具体的には、大きな怒鳴り声をあげる、「バカ野郎」などの侮辱的な発言を浴びせるなどがあります。

　まずは、さらなる言い争いにならぬよう、決して売り言葉に買い言葉で対応することはせず、冷静にどのような発言があったのかをメモや録音をとるなどして記録化します。このとき、記録を残す者や言い分を聞く者など、役割分担を兼ねて複数で対応するとより望ましいといえます。

　他の顧客の迷惑となったり、営業に支障をきたす場合には、警察に通報して対応するなども必要です。

◆ 暴力行為

　意図的に殴る、蹴るなどの身体的暴力だけではなく、物を投げる、振りまわる行為も含まれます。

　こうした場面では、従業員だけでなく顧客の安全も確保する緊急の必要性があるため、顧客に危害が及ばないよう避難誘導を実施する者と、警察に通報する者、暴力行為者を取り押さえる者など、役割を分担して複数名で対応します。

◆ 執拗に繰り返す行為

　電話で何度も同じことを繰り返し問い合わせたり、不合理な要求を繰り返す行為です。

　このようなケースでは、通話内容を録音し、記録化するとともに、企業として不合理な要求に応じない毅然とした対応を伝えます。業務に支障が生じるような場合には、業務妨害罪として警察に通報することも検討します。

　なお、電話を受けた際に氏名や住所、連絡先を聞いておくと、弁護士に相談した際に電話をやめるよう内容証明の通知書等を送付する対応が速やかに行えます。

♦ 長時間の拘束

顧客の言い分を呑むまで、従業員を拘束し続ける行為です。

こうした場合、上司などの地位が高いものに交代して、言い分を聞き取り、後日、再度、こちらから連絡する旨を伝えて氏名、住所、電話番号などを控えます。顧客に退去するよう伝えたにもかかわらず、さらなる拘束をし続ける場合には、警察に連絡して毅然とした対応をとります。

♦ SNSでの誹謗中傷

インターネット上で名誉を毀損する投稿などをする行為です。

このような投稿を発見した場合には、まずは、書き込みがされたサイトをスクリーンショット等で保存し、ログを保存した上で法律事務所や、最寄りの法務局に行き今後の手続きを相談することが望ましいでしょう。その後は、発信者情報開示請求等の手続を行い、投稿者の情報を取得した後、損害賠償請求などを検討することとなります。

③ コンプライアンスリスクを最小限に抑える
クレーム処理体制の構築と実践

社内にどのようなクレーム処理体制を構築し、また、実際に発生したクレームに対してどのように対応すべきかについて悩む企業は少なくありません。

ここでは、クレーム処理の体制の構築や、実際の対応のポイントについて紹介します。

♦ クレーム処理体制の構築

苦情処理体制の構築や初動対応を考える上では、厚生労働省による「社会福祉事業の経営者による福祉サービスに関する苦情解決の仕組みの指針について（通知）」（平成12年6月7日）が参考になります。

同通知では、「苦情解決責任者」「苦情受付担当者」「第三者委員」と

いう役割分担を明確に分けることで、迅速なクレーム対応を促しています。

たとえば、店舗で顧客から従業員に対する悪質なクレーム事案が起きた場合、営業に支障をきたすことが懸念されますが、事前に苦情受付担当者を定め、顧客に苦情受付先を知らせれば、現場での混乱も最小限に抑えるとともに、スムーズな対応に移行できます。

とはいえ、「あなたでは話にならない、責任者を早急に出せ」と要求する顧客も少なくありません。実際にこうした要求を経験した企業も多いのではないでしょうか。責任の所在が不明確であれば、現場に混乱をきたすだけではなく、顧客から企業としての責任を問われるリスクが高まることはいうまでもありません。そのため、最終的なクレーム対応の責任者（苦情解決責任者）を定め、顧客からの悪質なクレームに迅速に対応する体制を構築しておく必要があります。

さらに、当事者双方に中立・公平な機関として、第三者委員会を設置し、弁護士等の専門家の協力を得て対応することも考えられます。双方に中立な立場からの意見であれば、当事者が対応するよりも適切な解決を図れる可能性が高いからです。

なお、日本弁護士連合会による「「企業等不祥事における第三者委員会ガイドライン」の策定にあたって」（2010年12月17日）では、外部者を交えた委員会を内部調査委員会と第三者委員会とに分別することで、事案に応じた適切な対応を図るよう提案しています。第三者委員会は外部の専門家で構成されるため、中立性や公平性は担保されるものの、迅速性や費用面で問題が生じることもあります。顧問弁護士がいる企業などでは、まずは内部調査委員会で対応し、必要に応じて後日、第三者委員会で対応の是非を検証するという流れが一般的です。

苦情処理体制の構築と併行し、実際の対応フローについても検討する必要があります。先に挙げた厚生労働省の通知では、

① 利用者への苦情処理窓口の通知

② 苦情の受付

③ 苦情受付の報告・確認

④ 苦情解決に向けての話し合い

⑤ 苦情解決の記録・報告

⑥ 解決結果の公表

というフローを定めていますが、各フローを具体的な行動に落とし込むためには、さらなる詳細なステップを定める必要があります。

たとえば、①利用者への苦情処理窓口の通知では、どのような内容をどのような方法で通知するのかを検討するにあたり、苦情解決の仕組みと目的、苦情解決の責任者の氏名等の内容やホームページでの公開、ポスターの作成といった通知媒体について、各企業の実情に応じて決めていく必要があるでしょう。

なお、企業の実情に応じて作成した具体的な業務フロー案は、一度、法務に精通する者のリーガルチェックを経る必要があります。解決結果の公表を苦情解決のフローに組み込む場合、当事者のプライバシーに配慮した内容にしなければ、法的責任を問われかねません。

◆ 悪質なクレームほど、弁護士との連携が重要

実際の対応にあたっては、事実関係の確認が重要となります。

事実関係を確認する手順として、

① 調査担当者を決定する

② 時系列表を作成し、事案の概要を把握する

③ 客観的証拠の調査・収拾をする

④ 第三者からヒアリングを行う

⑤ 当事者からヒアリングを行う

⑥ 時系列表に事実・主張・証拠との関係を整理する

という例が考えられます。②のように時系列表を作成しておくと、事案

をすぐに把握でき、弁護士に説明したり、経営者としてそのクレームにどう対応するかの最終的な意思決定を行う際にも非常に役立ちます。

事実関係が整理できたら、リーガルリスクを検討し、最終的な対応方針を決定することになります。

ところで、みなさんは、クレーム対応を弁護士に委任することについて、どう思われるでしょうか。

悪質なクレームへの対応を、弁護士に委任することなく延々と従業員に担当させることは、企業にとって、対応し続ける従業員の人件費の損失だけでなく、当該従業員のメンタルヘルスリスクへの影響や、それに伴う企業の健康配慮義務違反の問題、逆上した従業員による法的リスクのある発言の可能性、クレーマーによる根も葉もない事実の拡散によるレピュテーションリスクなど、数多くのリスクにさらされ続けることにほかなりません。

悪質なクレーマーは、法的要求を超える過剰な要求をし、対応する従業員を疲弊させ続けますが、弁護士から法的要求の範囲以外の要求に応じない旨を伝えられれば、早期に沈静化する傾向にあります。

企業の損失は、その対応が長期間にわたるほど膨れ上がります。事実確認において「クレームが法的要求を超えたもの」（リーガルリスクの高いもの）であるとされた場合には、交渉の担当窓口を直ちに弁護士に移すということが、時間的にも、金銭的にコストを抑え、そしてリスクも最小化できる対応といえます。

リーガルリスクの検討にあたって判断基準となるのは、(1)欠陥・瑕疵の存否、(2)故意・過失の存否、(3)損害の存否、(4)(1)～(3)間の相当因果関係、(5)クレーマーの要求と損害の関連性、(6)クレーマーの行為態様です。

(5)のクレーマーによる要求とは、「社長が出てきて謝罪しろ」「記者会見で謝罪しろ」「謝罪広告を出せ」などという要求が該当します。名誉毀損が問題となっているのであれば、クレーマーの損害と要求に関連性があるといえますが、商品に欠陥があったという損害と社長による謝罪

という要求との間には、関連性がありません。

　こうした法的な分析をせずに、要求のまま社長が謝罪してしまえば、「法的責任を認めたじゃないか」とさらに要求を拡大するという事態に陥ることは、火を見るよりも明らかです。

　一方、⑹は、仮に⑴～⑸が認められたとしても、クレーマーが街宣活動やインターネット掲示板での不買運動、企業としての名誉を毀損する行動などをとっている場合には、そのクレーマーの行為自体が不法行為となりうる行為であり、業務妨害罪という犯罪にも該当しかねません。「企業に責任があるのだから黙っているべきだ」などという考えではなく、刑事告訴等の対応をすべきです。

　事実関係に基づいたリーガルリスクの検討と、弁護士との連携による迅速かつ毅然とした対応が、クレームによるコンプライアンスリスクを最小限に抑えることができるのです。

第 7 章

万が一の製品偽装に
適切に対応するには

1 製品偽装による企業への影響とは?

「製品偽装」とは、製造業など、ある一定の分野に限られる問題だと思う方は、少なくないかもしれません。ところが、この問題は、実は非常に身近で、いつ、どこで起きても不思議ではありません。

ここでは、近年で製品偽装が問題となった東洋ゴム工業株式会社(2019年1月よりTOYOTIRE株式会社に変更)(以下「T社」)の事例を通じて、製品偽装が企業に与える影響にどのようなものがあるか、結果として企業活動にどのような影響を与えるのかを学びます。

◆ T社の製品偽装事例の概要

T社は、免震積層ゴムという免震材料の性能評価・大臣認定の取得に際し、データを改竄した製品の試験結果を提出し、新たな性能評価・大臣認定を受ける等して製品を偽装しました(以下、「本件偽装事例」)。

◆ T社に起きた出来事

▶調査報告書(公表版)への低評価

合計10名の弁護士による本件偽装事例を調査するための社外調査チーム(以下、「調査チーム」)が結成され、同年6月19日に調査報告書として提出しました(以下、「本件報告書」)が、第三者委員会格付け委員会は、日弁連が作成したガイドラインに準拠しておらず、さらに事件対応について助言をした弁護士が調査チームに加わっているため調査の独立性・中立性を認めることができないとして、9名の委員中4名がF評価(内容が著しく劣り、評価に値しない報告書であるとする評価)をつけました。

→調査チームの選定にあたっては、偽装事例について助言をするなどした弁護士を調査チームに入れないように法律事務所の選定を慎重に決定しなければ、調査自体に疑義が呈され、調査チームが作成した調査報告書の信頼性が著しく損なわれるというコンプライアンス

上のリスクがあります。

▶民事裁判[1]

不動産等の売買等を目的とする株式会社（以下「A社」）は、共同住宅に用いる予定であったT社の完全子会社である東洋ゴム化工品株式会社（以下「B社」）が製造した免震ゴムに欠陥があったために、共同住宅の売買契約を解除および解除に伴う違約金の支払を余儀なくされたとして、B社に対して損害賠償を請求しました。

本件では、A社が手付解除をして生じる損害を1億45万円に留めることができたにもかかわらず、手付解除をせずに債務不履行解除に伴う違約金20%を支払ったことについて、A社に損害軽減義務違反が認められるかが主な論点となりました。

裁判所は、免震ゴムの欠陥という売り主側（A社側）に責任がある事実関係のもとにおいて、A社が不動産売買契約の手付解除の話を持ち出すことは、さらなる非難を招くおそれがあること等から、A社が手付解除という手段をとらなかったことが不合理ではないと判断し、結果として、B社は、A社に対して、3億284万4854円の損害賠償を支払え等とする内容の判決となりました。

→製品偽装は、製品の取引先との信頼関係を損なうだけではなく、多額の損害賠償責任をめぐる法廷闘争に発展するコンプライアンスリスクがあります。

▶刑事裁判[2]

裁判所は、犯罪事実として「免震積層ゴム19基につき、実際には、同ゴムは大臣認定に係る性能評価基準に適合していないにもかかわらず、同ゴムが同基準に適合しているとの内容虚偽の性能検査成績書を作成し、…前同様の内容虚偽の立会検査性能試験成績書を作成した上…免震積層ゴム支承検査成績書を…交付し、もって商品の品質について誤認

1　東京地裁平成29年2月27日判決・平成27年（ワ）22249号
2　枚方簡裁平成29年12月12日判決・平成29年（ロ）3号

させるような虚偽の表示をしたものである」と認定し、平成27年法律54号附則4条により同法による改正前の不正競争防止法22条1項、21条2項5号に基づき、罰金1,000万円を命じました。

量刑にあたっては、裁判所は、偽装発覚後の事情として「調査の結果、偽装が発覚し、平成26年3月ころから順次、親会社…にも伝えられたが、その後も出荷停止等の措置がとられることなく偽装が続けられ、本件犯行に至った。このような経緯によれば、本件犯行は、個々の行為者の不正に止まらない会社ぐるみの犯行といえ…企業グループの社会的責任、企業倫理に関わるものといえる」と判断し、また、社会的事情として、「検査成績書を偽装することは、同業他社との公正な競争を害するばかりか、関連業者の信頼を裏切り、業界全体の社会的信用を失墜させ、さらには、社会一般に免震建造物に対する不安・不信感を蔓延させる行為といえ、その影響は大きい」と判断しています。

　→不正競争防止法違反による刑事処分として1,000万円という金額ではありますが、刑事処分として罰金を支払う判決が出た影響は、金銭等の経済的制裁だけではなく、企業のブランドを著しく損なうものとなります。

▶株主代表訴訟

個人株主は、平成28年5月17日、監査役に対して、T社に生じた損害として466億7400万円および遅延損害金の支払いを求める責任追及の訴え提起理由書を送付しました[3]（会社法386条、847条参照）。

T社は、調査し、対応を検討した結果、監査役全員一致の意見として「当社取締役19名に対し責任又は義務違反があるとして提訴はしないことを決定」しました[4]。

その後、平成28年8月に株主代表訴訟が提起され、会社は訴訟に補助参加しない対応を発表しました[5]。

---

[3] T社の平成28年5月18日付け「株主からの提訴請求について」と参照

[4] T社の平成28年5月18日付け「株主からの提訴請求に対する当社監査役会からの不提訴理由通知ついて」参照

[5] T社の平成28年8月26日付け「株主代表訴訟に関する当社の対応について」と参照

→製品偽装により、企業は、株主からの責任追及の訴えにも適切に対応し、報道関係者に対する事実上の説明責任を果たす等の対応が求められます。

▶行政指導

国土交通省は、平成27年3月13日付けのプレスリリース「東洋ゴム工業㈱が製造した免震材料の大臣認定不適合等について」において、T社に対して、建築基準法上の不適合状況の確認、構造安全性の検証結果の報告をすること等を指示し、特定行政庁に対して検証結果を踏まえた是正指導を行うよう要請し、さらに、平成27年7月30日付け「東洋ゴム㈱が製造した免震材料の不正事案に係る物件の違反是正について（技術的助言）」において、違反是正の手順として交換改修計画の提出を求める等し、免震材料の不正事案に係る物件の違反是正のフローを示しました。

T社は、2020年2月14日時点においても、進捗状況をホームページ上で報告しています[6]。

▶社会的制裁

本件偽装事例は各種新聞の一面を飾り、テレビ放送等で報道されるとともに、以上の経緯もあいまって、社会に対し非常に大きな衝撃を与えた事件となりました。

T社は、2016年12月連結決算で免震ゴムの性能偽装関連で特別損失として1,134億円もの金額を計上し、著しい損失を被ったことで事業を売却し、2019年1月から商号を変更するなどしました。

この偽装事例によって、T社は巨額の特別損失を計上し、いくつかの事業の売却を余儀なくされるなど、今回の偽装の代償は、計り知れないものとなりました。そして、今現在もなお、T社に課せられた対応は続いています。

6　https://www.toyotires.co.jp/responsibility/menshin/repair/progress/

このように、製品偽装の問題は、被害に対する損失を補填するだけでは企業の社会的責任を果たしたとはいえません。数年以上の継続した対応が求められ、常に責任ある対応が求められ続けるのです。

2 決して「対岸の火事」ではない
製品偽装におけるコンプライアンスリスク

製品偽装は、特定の商品、分野だけで起きるものではありません。

「地元で採れた新鮮な素材を使用」と表示しながら、輸入した材料を使用した製品を製造、出荷すること、建築基準法上の耐震基準を満たしていないにもかかわらず国が定めた耐震構造以上の基準を備えた安心安全な建築物として販売すること、カシミア以外の素材を使用しているにもかかわらず「カシミア 100％」と表示したセーターを販売することなど、例を挙げれば枚挙にいとまがありません。

決して「対岸の火事」ではなく、「自社にも起こる可能性のあることだ」という意識をもち続けることが、迅速かつ適切な対応のカギとなります。

◆ 製品偽装を規制する法律

製品偽装を規制する法律は、多数あります。以下では、主なものを紹介します。表示規制にはさまざまな法律が関連しますので、それぞれの法律に抵触することのないよう、自社が販売する商品に応じた法令調査を慎重かつ丁寧に行う必要があります。

▶食品表示法

食品衛生法、日本農林規格等に関する法律（JAS 法）、健康増進法の食品の表示に関する規定を統合した法律で、平成 25 年 6 月 28 日に公布され、平成 27 年 4 月 1 日に施行されました（経過措置は令和 2 年 3 月末日まで）。

▶不正競争防止法

原産地、品質等を誤認させる表示や、他社の有名なロゴ等を不正に使

用する行為等を規制する法律です。

▶不当景品類及び不当表示防止法（景品表示法）

実際の商品よりも性能がよいもの、お得なものだと一般消費者に誤認させる広告や宣伝等の表示を規制する法律です。

▶民法

虚偽表示を行えば、契約が錯誤無効や詐欺として取り消されます。

▶消費者契約法

業者が商品の内容・品質・価格・支払方法などについて事実と違う説明をし、消費者が業者の説明により誤認した場合には契約を取り消す等の規制を設けています。

▶刑法・軽犯罪法

欺罔により錯誤を生じさせて財産的処分行為を行わせることは、刑法の詐欺罪に該当し、公衆に対して物を販売し、もしくは頒布し、または役務を提供するにあたり、人を欺き、または誤解させるような事実を挙げて広告する行為は軽犯罪法1条34号に該当し、それぞれ罰せられます。

◆ 製品偽装のコンプライアンスリスク

1でも紹介しましたが、製品偽装によるコンプライアンスリスクは以下の6種類です。

▶調査報告書の適正性・公正性

調査報告書の内容の適正さもさることながら、調査チームが調査対象企業からの独立性・中立性・公正さを備えたメンバーで構成されていることが重要です。

Ｔ社の事例のように調査報告書に対する信頼が低いと評価されてしまうと、さらに別の法律事務所に対して依頼するなどの費用、時間がかかるだけでなく、企業としての評価を下げることにつながります。

▶民事裁判

違約金を支払うよりも手付解除により低額で金銭的解決ができるにもかかわらず、違約金を支払う選択をしても損害軽減義務が認められな

かったと判断した T 社の裁判例から、想定される金銭的賠償額以上に
金銭的リスクを見積もる必要があります。

▶刑事裁判

結果として T 社の罰金は 1,000 万円になりましたが、不正競争防止法
22 条 3 号では、3 億円以下の罰金と定められていますので、より高額な
罰金が科されるおそれがあります。

また、犯罪事実が認定されると、ブランドが著しく毀損されることと
なります。

▶株主対応

株主に対する説明責任だけではなく、取締役に対する責任追及の訴え
への対応等も迫られます。

また、監査役の調査の結果「責任追及の訴えを提起しない」と判断し
ても、株主からその調査内容についての責任や会社としての対応の是非
を問われかねません。

株主代表訴訟が提起された後、訴訟に補助参加するか否かも踏まえた
リーガルリスクを検討する必要があります。

▶行政対応

各省がプレスリリースにて対象企業を公表し、問題の原因の究明、調
査、報告、違反是正の改善計画案の提出、実施の報告、進捗状況の報告
等が要請されますので、その対応をする必要があります。

▶レピュテーションリスク

これらが各報道機関で報道されることによってブランドイメージが毀
損され、信用回復に向けた活動、特別損失による損害の計上、事業売却
を見据えた企業の存続としての戦略立案といったさまざまな対応が余儀
なくされます。

このように、製品偽装は、分野に関係なく起こりうる問題であり、ま
た多数の法令違反となりうるリスクや、裁判による多額の損失、ひいて
は企業の存続が危ぶまれる事態に発展する問題であるということを十分
に認識しておく必要があります。

③ 製品偽装における適切な初動対応を理解する

　工場に勤務している従業員から「実は、自社で製造している製品のデータは、実験もせずに都合のいいように数字を操作して表示しています。良心の呵責に耐えられなくなって相談しにきました」と申し出があった場合、あなたは、初動をどうすればよいと考えるでしょうか。

　ここでは、製品偽装における初動対応のプロセスとポイントを紹介します。

◆ 迅速な事実関係の調査がカギ

　まずは、相談にきた従業員に対して、相談者の名前は口外しない等の守秘義務を負うことを説明し、相談者との信頼関係の構築に努めましょう。

　相談者は、あなたが自らが抱えている問題を話してもよい、信頼に値する人物か否かを見極めています。したがって、信頼関係が醸成されていない最初の初回相談で、すべてを執拗に尋ねることは避けるべきです。

　最初の初回相談では、事案の概要を把握し、次回の相談のアポイントをとりましょう。次回の相談のアポイントをとる際は、会社のリーガルリスクを検討した上で、詳細に話を聞かせてもらいたい旨を伝えると、相談者もあなたが真剣に話を聞いてくれるのではと考える可能性が高まるため、好ましいでしょう。

　相談者からヒアリングを終えた後、偽装に関連する人間関係図を把握し、調査に協力を得られるキーパーソンを選び出します。実際に偽装が現場で起きているならば、「何とかしたい」と考えている従業員は他にも大勢いると予測できるからです。

　続いて、偽装に関連する客観的なデータの資料の収集と調査に協力してくれる従業員からのヒアリングを行い、偽装の全体像の把握に努めます。偽装が行われている工場の現場に直接出向き、事実関係の調査・確認を行い、動かぬ証拠を掴むことが望ましいのですが、むしろ現場に行

くまでに集めた証拠で関係者に偽装に関して言い逃れができないように証拠を固めておく準備がより重要です。

◆ リーガルリサーチ

　事実関係の調査・確認に並行して、リーガルリサーチも行います。リーガルリサーチを行うことで、法律要件に該当する具体的事実を念頭に置くことができ、どのような事実をヒアリングすべきかが判明します。

　では、まず、どのような文献をリサーチすることから始めればよいのでしょうか。

　経済産業省は、偽装表示と不正競争防止法のテキストやパンフレットを公開しています[7]。特に経済産業省の調査委託により作成されたTMI総合法律事務所の「表示に係る不正競争行為に関する調査研究報告書」（平成20年3月）[8]は、食品衛生法、薬事法、金融商品取引法等の法律を横断して表示の規制を説明するとともに、裁判例を多数紹介しています。

　したがって、最初に製品偽装のリーガルリサーチをする場合には、こうした資料等を手がかりとして各種文献や裁判例の調査を行い、リーガルリスクを検討することが肝要です。

◆ 初動対応の大切さ

　Ｔ社の刑事裁判の判決文では、「調査の結果、偽装が発覚し、平成26年3月ころから順次、親会社…にも伝えられたが、その後も出荷停止等の措置がとられることなく偽装が続けられ、本件犯行に至った」と述べられています。

　この判決文によれば、Ｔ社は、偽装が発覚しても何らの対応をしないまま放置していたということになります。

　ここで、「なぜ何も対応をせずに放置していたのか」と批判することは容易です。しかし、何よりも重要なことは、製品偽装を放置したまま

7　https://www.meti.go.jp/policy/economy/chizai/chiteki/unfair-competition.html#h20
8　https://www.meti.go.jp/policy/economy/chizai/chiteki/pdf/19hyoji/houkokusho.pdf

の状態を続ければ企業として回復できないほどの損失を被ることになり、ただの問題の先送りにしかならないことを一人ひとりの従業員が自覚することです。

　さらに、T社の民事裁判においても、製品偽装に対して迅速に各取引先と連携して対応をしていれば、数億円の損失を防げた可能性が大いにあったことが読み取れます。

　問題を放置した結果、特別損失として1,134億円も計上し、いくつかの事業を売却せざるをえなかった結果からすると、初動対応を誤ったことですべてが「負の連鎖」として企業の価値を毀損することにつながります。

　製品偽装が起きた後、いかに企業としてのリーガルリスクを押さえた戦略を立案し、即座に実行に移せるかが、企業の命運を左右するのです。

第8章

実効性のある情報管理体制で情報の漏洩を防ぐ

1 情報漏洩のリスクとは？

　情報管理の重要性が、より声高に叫ばれるようになった昨今、なぜ情報管理が重要なのかをイメージしていただくために、まずは情報漏洩リスクの現状について紹介します。

　図表8-1は、近時に発生した情報漏洩事件の一部をまとめたものです。この表から、見出せる情報漏洩事件の特徴は以下のとおりです。

▶ **業種・企業規模・民間／公共団体を問わずに発生する**

▶ **漏洩件数は数十件～数千万件まで幅広い**

▶ **原因は、紛失や誤操作などの「過失型」、不正持出しなどの企業内部者による「犯罪型」、不正アクセス攻撃による「被害型」に分類できる**

　このように、情報漏洩はどのような企業にも起こりうるものであり、それが企業側の故意ではなく、過失や不正アクセス攻撃によるものだとしても情報管理責任を問われる点で、非常にリスクの高いものといえます。

　特に昨今目立っているのが、従業員によるSNSを介した情報漏洩事件です。最近の事例では、以下のようなものが挙げられます。

▶コンビニエンスストアA

　店員Aが、店内でアイスクリームを販売する冷蔵ケースの中で店員Bが寝転がる様子を撮影した写真をSNSに投稿し、不衛生などとの批難が殺到したことで、後日、当該店舗が本部からフランチャイズ契約を解消されることとなった事例

▶コンビニエンスストアB

　店員が商品を袋に入れる際に、商品のパッケージやペットボトルの飲み口などを舐める様子が撮影され、SNSに投稿された事例

図表 8-1　近時の情報漏洩事件

日付	業種	漏洩件数	漏洩原因	漏洩内容
2014年 6月	学校	33件	持ち出し	男性教諭が、担当する児童の名前や写真、連絡網などを私物のUSBメモリに保存・持ち帰り、紛失
2014年 7月	教育関連会社	約3500万件	不正持ち出し	業務委託先の元社員が顧客情報約3500万件（登録者及び子の氏名、性別、生年月日及び続柄、住所、電話番号、出産予定日、メールアドレス）を、名簿屋への売却等をして流出
2014年 9月	航空会社	約4000件	ウィルス感染	標的型攻撃メールにより社内PCがウィルス感染
2015年 6月	年金機構	約125万件	不正アクセス	外部から標的型攻撃メールが送られ、その結果年金管理システムに保管されていた125万人分の個人情報が漏洩
2015年 6月	郵便事業	約7500件	誤操作	建築工事発注情報メールサービスの登録業者7500件のExcelデータをメールに誤って添付し、一斉送信
2015年 11月	金融機関	約1万4000件	不正アクセス	振り込みを行ったサイト利用者の約1万4000件の振込情報が外部流出
2015年 12月	人材派遣会社	約3万7000件	誤操作	会員情報（氏名・生年月日・性別、勤務先、年収等）が流出
2016年 9月	大学	約2万8000件	ウィルス感染	卒業生の連絡先や特許概要などの情報が保存・共有された業務用パソコンが、マルウェアに感染
2016年 10月	大学	約1400件	フィッシング	職員がメールにより誘導されたフィッシングサイトで誤ってIDとパスワードを入力したことにより、在学生や卒業生の個人情報が漏洩
2017年 1月	ゲーム関連会社	約14万件	不正アクセス	WEBサーバーに対し不正アクセスが行われ、過去に同社サービスを利用した顧客情報の一部が流出
2017年 2月	地方公共団体	約1990件	職員の作業ミス	本人のマイナンバーとは異なる他者のマイナンバーを記載した通知書を送付
2017年 3月	地方公共団体	約67万件	不正アクセス	利用者のクレジットカード情報が外部へ流出
2017年 6月	通販会社	約5万件	設定不備	キャッシュサーバーの切り替え作業において、通常はキャッシュされないよう設定されていた個人情報が残ってしまう状態

▶**大手飲食店C**

アルバイト店員が、食材をゴミ箱に捨てた後、ふざけてまな板に載せようとする動画が撮影され、インターネット上に投稿された事例

▶**ホテルD**

ホテル内の飲食店のアルバイト店員が、芸能人が来店した情報等をSNSに投稿した事例

　どの事例も、軽い気持ちでのSNS投稿が原因ですが、情報が急激に拡散し、企業や店舗が特定されて非難されるだけでなく、不祥事を起こした従業員本人までもが特定され、インターネット上に晒されてしまうという事態も発生しています。

　SNSは私たちの多くにとって身近で、気軽に利用できるサービスですが、その影響力は想像以上に大きいということに、企業・従業員ともに十分に留意しなければなりません。

SNSのリスクマネジメント①
2 SNSリスクの特徴を理解する

　SNSとは、登録された利用者（ユーザー）同士が交流できるWebサイト上の登録制・会員制のサービスであり、Social Networking Service（ソーシャルネットワーキングサービス）の略称です。

　代表的なSNSとして、Facebook（フェイスブック）、Twitter（ツイッター）、Instagram（インスタグラム）、LINE（ライン）、Youtube（ユーチューブ)が挙げられ他にも次々と新しいサービスが誕生していますが、以下のようにいくつかの種類に分類することができます。

　▶**交流系SNS**：ユーザー同士が情報交換や意見交換ができるSNS
　　（例：Facebook、Twitter）
　▶**メッセージ系SNS**：ユーザー同士のメッセージのやり取りが主体
　　のSNS（例：LINE）

- ▶**写真系SNS**：写真を投稿（共有）して、ユーザー同士がコミュニケーションを行うSNS（例：Instagram）
- ▶**動画系SNS**：動画を投稿（共有）して、ユーザー同士がコミュニケーションを行うSNS（例：Youtube）

　近時、**1**でも紹介したように、TwitterやFacebookなどのSNSへの不用意な投稿が原因となって投稿者本人が非難に晒されたり、SNSへの消費者の投稿を契機として企業が予期せぬ非難に晒されたりする、いわゆる「炎上」が注目され、大手メディアでも頻繁に取り上げられるようになっています。

　「炎上」事例は増加傾向にあるといわれていますが、その要因の1つには、SNSならではの「投稿の容易さ」と「拡散の容易さ」があると考えられます。

　こうしたことから、SNSを通じた情報漏洩リスクの特徴は、以下の6点に整理できます。

① **簡易性**：情報発信・拡散が簡易であること
② **情報の恒久性**：一度発信された情報は半永久的に残存し続けるおそれがあること
③ **伝播の迅速性**：情報が第三者に拡散・伝達されるまでが迅速であること
④ **公共空間性**：オンライン上で誰でも閲覧できること
⑤ **特定可能性**：発信者や投稿内容の該当者を特定が可能であること
⑥ **被害の甚大性**：社会的信用が毀損されること

　このように、SNSは、誰でも参加できる簡易性（①）が第一の特徴であるものの、②〜⑥の特徴も有しており、一旦情報漏洩が発生すると、取り返しのつかない損害を生じさせる危険性をはらんでいます。

　企業の広報活動にとっても、SNSは有効な手段である反面、その扱いを誤った場合のリスクは甚大であるため、リスクを理解した慎重な取

扱いが求められます。

3 SNSリスクにおける従業員・企業の責任を整理する

　SNSによって企業が管理する個人情報が漏洩したり、企業の信用を毀損するような動画が流出したりすれば、問題のあるSNS投稿を行った従業員だけでなく、企業もコンプライアンスリスクに直面することになります。

　既にお話しているように、コンプライアンスリスクには法規範違反、社内規範違反、倫理規範違反がありますが、SNSによる情報漏洩でも、この3つの視点から整理することになります。

　SNSによる情報漏洩が発生した場合、SNSを発信した従業員自身の法的責任は、以下のとおりです（図表8-2も参照）。

▶民事責任

　SNSを発信した従業員は、投稿内容によってプライバシーや名誉を毀損された被害者に対する損害賠償責任を負うことになります（民法709条）。また、SNSの投稿によって勤務先企業の社会的信用を毀損した場合には、勤務先企業に対する職務上の注意義務違反として損害賠償責任を負うことになります。

▶労務責任

　職務規程などにおいて、業務中に知りえた事項を漏洩したり、企業の社会的信用を失墜するような言動をした場合には懲戒事由に該当すると定められている場合には、当該従業員は懲戒処分の対象になります。

▶刑事責任

　投稿内容が悪質なプライバシー侵害や名誉毀損行為に該当する場合のほか、勤務先の営業妨害行為に該当する場合には、刑事責任を追及されることも考えられます。

▶社会的責任

投稿した従業員自身の個人情報がインターネット上で特定されてしまった場合、当該従業員の社会的信用も失墜することになります。

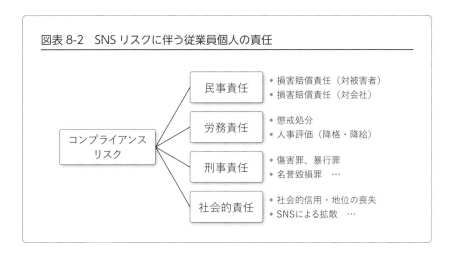

図表 8-2　SNS リスクに伴う従業員個人の責任

- コンプライアンスリスク
  - 民事責任
    - 損害賠償責任（対被害者）
    - 損害賠償責任（対会社）
  - 労務責任
    - 懲戒処分
    - 人事評価（降格・降給）
  - 刑事責任
    - 傷害罪、暴行罪
    - 名誉毀損罪　…
  - 社会的責任
    - 社会的信用・地位の喪失
    - SNSによる拡散　…

一方で、問題のある SNS を発信した従業員を雇用する企業の法的責任は、以下のとおりです（図表 8-3 も参照）。

▶民事責任

企業は、従業員の使用者としての管理責任を負っています。このため、従業員の投稿により被害者のプライバシーや名誉を毀損した場合には、使用者責任に基づく損害賠償責任を負うことがあります（民法 715 条）。

▶行政責任

従業員の投稿により深刻な個人情報漏洩事件が発生してしまった場合には、個人情報保護法違反として、個人情報保護委員会による行政処分を受けるおそれがあります。

▶刑事責任

個人情報保護法などには両罰規定が設定されており、従業員の違反行為に関連して企業も罰金刑などを受ける場合があります。

▶社会的責任

　従業員の投稿による情報漏洩が起きた場合には、企業の従業員に対する教育や研修体制、企業の見識が疑われることになる上、こうした批判がSNS等を通じてインターネット上にも拡散し、企業の社会的信用が毀損されるというレピュテーションリスクを負うことになります。

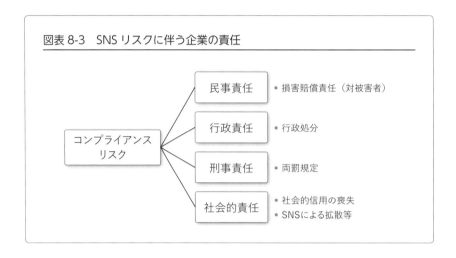

図表 8-3　SNS リスクに伴う企業の責任

- コンプライアンスリスク
  - 民事責任 ・損害賠償責任（対被害者）
  - 行政責任 ・行政処分
  - 刑事責任 ・両罰規定
  - 社会的責任 ・社会的信用の喪失 ・SNSによる拡散等

情報管理のための基礎知識①

4 情報の種類と、その財産的価値を理解する

　企業情報を分類すると、まずは「個人情報」と「企業内機密情報」（狭義の企業情報）に大別されます（さらなる分類は図表8-4を参照）。

　「企業内機密情報」とは、営業情報や特許権等の知的財産権に関する情報等、財産的価値や秘匿性が高い、企業活動にとって重要な情報です。狭義の企業情報は、この企業内機密情報を指します。なお、企業には社内外に多数の利害関係者が存在し、企業はそれらの情報も管理していることから、この企業内機密情報は、さらに「自社情報」と「他社情報」の2つに分類することができます。

　一方、「個人情報」とは、生存する個人に関する情報であり、特定の個人を識別することができる一定の要件を満たす情報をいいます（個人

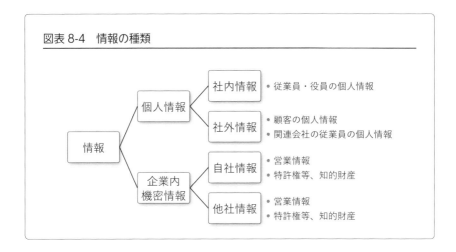

図表 8-4　情報の種類

```
情報 ─┬─ 個人情報 ─┬─ 社内情報 ─── • 従業員・役員の個人情報
      │            └─ 社外情報 ─── • 顧客の個人情報
      │                            • 関連会社の従業員の個人情報
      └─ 企業内    ─┬─ 自社情報 ─── • 営業情報
         機密情報   │               • 特許権等、知的財産
                    └─ 他社情報 ─── • 営業情報
                                    • 特許権等、知的財産
```

情報保護法）。個人情報は、さらに社内情報（従業員や役員の個人情報）
と社外情報（顧客の個人情報や、関連会社の従業員の個人情報）に分類
されます。

　このように、企業情報をその種類や利害関係者との関係性によって分
類する意義は、規制法令が異なることにあります。

　詳細は 5 で紹介しますが、個人情報は個人情報保護法や番号利用法、
企業内機密情報は不正競争防止法や金融商品取引法（インサイダー取引
に関する情報の場合）による規制対象となりえます。

　それぞれの企業情報を規制する法律が異なると、その適切な管理方法
や求められる保護の要件も異なります。このため、企業としては、情報
の性質ごとにその管理方法を構築する必要があります。

　情報の種類に応じた適切な管理体制を構築することの必要性は、情報
の財産的価値に照らしてみるとイメージしやすいかもしれません。そこ
で、教育関連企業による情報漏洩事件における企業の損害の実例から、
それぞれの情報の財産的価値を確認してみましょう。

▶事件のあらまし

2014年、教育関連企業A社におけるグループ会社B社の業務委託先の元社員Cが、顧客情報約3500万件（登録者および子の氏名、性別、生年月日および続柄、住所、電話番号、出産予定日、メールアドレス）を名簿屋Dへ売却するなどして流出させるという事件が発生しました（図表8-5も参照）。

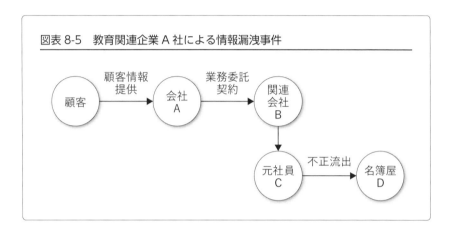

図表8-5　教育関連企業A社による情報漏洩事件

▶当事者の責任

本件では、情報漏洩を行った元社員Cは不正競争防止法違反に問われ、刑事処分を受けています。

一方、グループ会社B社に顧客情報約3,500万件を預けていたA社は、顧客の個人情報を漏洩したことの補償として、各顧客に対し、1件あたり500円の商品券を配布することを決定しました。

1件あたり500円という補償をどのように評価するかは価値観によってさまざまですが、A社はこの補償のために約200億円もの費用を支出しただけでなく、この事件によって会員の解約が相次ぐことになったともいわれています。

本件では、企業側から任意に情報漏洩被害者に対する補償を行っています。情報漏洩が発生した際に企業自ら補償対応をとるかはケースバイケースとなりますが、他の事例からも、企業自ら保証対応する場合には、

補償額は1件あたり500円から1,000円程度になる傾向にあることが見てとれます。もっとも、1件あたりの補償額が低額であったとしても、漏洩件数が多数に上れば、企業の経済的損失は甚大なものとなります。

5 情報管理のための基礎知識②
情報に関する法規制を整理する

　企業情報を規制する法律は、まず、公法（国が私人に対して義務を課す法律）と私法（私人間の権利関係を規律する法律）に大別することができます。図表8-6は情報に関する法規制を大別したものですが、図表内に列挙した各法令は公法と私法の一例であり、インサイダー取引などの事例では、金融商品取引法の規制対象となるケースもあります。

　以下、主要なものについて紹介します。

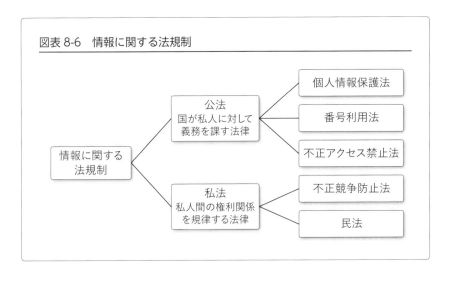

図表8-6　情報に関する法規制

- 情報に関する法規制
  - 公法　国が私人に対して義務を課す法律
    - 個人情報保護法
    - 番号利用法
    - 不正アクセス禁止法
  - 私法　私人間の権利関係を規律する法律
    - 不正競争防止法
    - 民法

◆ 公法関係

▶**個人情報保護法**（個人情報の保護に関する法律）

　個人情報保護法は、民間企業と公共事業の双方における個人情報の保護を目的とする法律です。図表8-7は、個人情報保護に関する法律・ガ

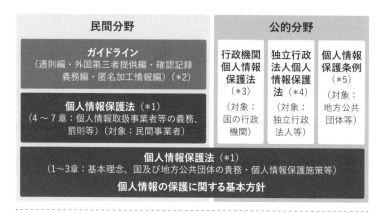

図表 8-7　個人情報保護に関する法律・ガイドラインの体系イメージ

民間分野	公的分野		
ガイドライン （通則編・外国第三者提供編・確認記録 義務編・匿名加工情報編）（*2）	**行政機関 個人情報 保護法** （*3） （対象： 国の行政 機関）	**独立行政 法人個人 情報保護 法**（*4） （対象： 独立行政 法人等）	**個人情報 保護条例** （*5） （対象： 地方公共 団体等）
個人情報保護法（*1） （4〜7章：個人情報取扱事業者等の義務、 罰則等）（対象：民間事業者）			
個人情報保護法（*1） （1〜3章：基本理念、国及び地方公共団体の責務・個人情報保護施策等） **個人情報の保護に関する基本方針**			

（*1）個人情報の保護に関する法律
（*2）金融関連分野・医療関連分野・情報通信関連分野等においては、別途のガイドライン等がある。
（*3）行政機関の保有する個人情報の保護に関する法律
（*4）独立行政法人等の保有する個人情報の保護に関する法律
（*5）個人情報保護条例の中には、公的分野における個人情報の取扱いに関する各種規定に加えて、事業者の一般的責務等に関する規定や、地方公共団体の施策への協力に関する規定等を設けているものもある。

※出典：個人情報保護委員会ウェブサイト
（https://www.ppc.go.jp/files/pdf/personal_framework.pdf）

イドラインの体系イメージです。

▶**番号利用法**（行政手続における特定の個人を識別するための番号の利用等に関する法律）

番号利用法は、行政機関、地方公共団体等が、個人番号・法人番号の対象者特定機能を活用し、効率的な情報の管理・利用・迅速な情報の授受を行うことにより、行政運営の効率化・国民の利便性の向上を図ることを目的とする法律です。

▶**不正アクセス禁止法**（不正アクセス行為の禁止等に関する法律）

不正アクセス禁止法は、不正アクセス行為等（不正ログイン、セキュリティ・ホール攻撃、フィッシング行為、ID等の不正取得・不正保管行為、正当な理由のないID等の提供行為）を禁止することによって犯

図表 8-8　不正アクセス禁止法の概要

高度情報通信社会の健全な発展

サイバー犯罪の防止・電気通信に関する秩序の維持

不正アクセス行為等の禁止・処罰
第3条：不正アクセス行為の禁止
第4条：他人の識別符号を不正に取得
　　　　する行為の禁止
第5条：不正アクセス行為を助長する行
　　　　為の禁止
第6条：他人の識別符号を不正に保管
　　　　する行為の禁止
第7条：識別符号の入力を不正に要求
　　　　する行為の禁止

防御側の対策
第8条：アクセス管理者による防御措置
第9条：都道府県公安委員会による援
　　　　助等
第10条：国家公安委員会等による情報
　　　　提供等

罪の防止等を目的とする法律です。不正アクセス禁止法の概要は図表8-8のとおりです。

◆ 私法関係

▶不正競争防止法

　不正競争防止法は、事業者間の公正な競争を確保することや、これに関する国際約束の実施を目的とする法律であり、企業の「営業秘密」（企業が事業活動の中で秘密として使用している技術上または営業上の秘密情報）を保護の対象としています。これは、営業秘密は企業の長年のノウハウと投資の集積であり、企業の収益の根源となる一方、営業秘密が漏洩した場合の回復は困難であると考えられるためです。

　不正競争防止法上、営業秘密として保護されるためには、秘密として管理されていること（**秘密管理性**）、有用な営業上または技術上の情報であること（**有用性**）、公然と知られていない情報であること（**非公知性**）の３要件を満たす必要があり（同法２条６項）、営業秘密と認められた情報例としては、顧客名簿や派遣従業員名簿、仕入先情報・仕入明細、設計図・部品図、フッ素樹脂シートの溶接技術に関するノウハウ、

DVD のコピーガード技術などがあります。

▶民法

民法は、私人間（企業、個人）の責任関係を規律する法律です。

情報管理との関係でいえば、民法上問題となりうる概念として、プライバシーの侵害が挙げられます。「プライバシー」は「私生活をみだりに公開されないという法的保障ないし権利」（東京地裁昭和 39 年 9 月 28 日判決・下民集 15 巻 9 号 2317 頁）とされ、故意または過失により他人のプライバシー権を侵害した場合、不法行為が成立しうることになります（民法 709 条）。

この点、個人情報が公開された場合に、すべてがプライバシー権の侵害となるかが問題とされることがありますが、個人情報保護法と民法上のプライバシー権は、それぞれ保護されるべき権利が異なりますので、私事や私生活に関する個人情報が公表されたからといって、直ちにプライバシー権侵害が成立するわけではありません。

逆に、個人情報保護法を遵守したとしても、プライバシー侵害の問題をすべて回避できるわけではありません。公表等されない法的利益と公表等する理由とを比較衡量し、前者が後者に優越する場合に不法行為となるという判断基準が示されている（最高裁平成 6 年 2 月 8 日判決・民集 48 巻 2 号 149 頁）ので、プライバシー侵害の該当性は、個別の事案に応じて検討する必要があります。

6 情報管理体制を構築する①
個人情報（社内情報）の扱い方を理解する

これまで情報や法規制の分類について見てきましたが、ここでは個人情報の「社内情報」（位置づけは図表 8-9 を参照）の管理上の留意点について、相談事例を踏まえて検討します。

相談事例①

甲株式会社の部長 A は、部下の社員 B が好成績をあげて昇給したこと

を自分のことのように喜び、他の社員の発奮材料にと、Bの昇給額や賞
与額を他の社員にも伝え、Bを見習うよう話した。

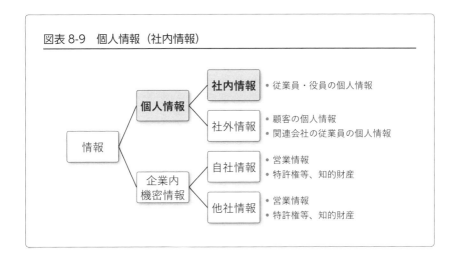

図表 8-9　個人情報（社内情報）

- 情報
  - 個人情報
    - 社内情報 ● 従業員・役員の個人情報
    - 社外情報 ● 顧客の個人情報 ● 関連会社の従業員の個人情報
  - 企業内機密情報
    - 自社情報 ● 営業情報 ● 特許権等、知的財産
    - 他社情報 ● 営業情報 ● 特許権等、知的財産

　相談事例①では、AがBの昇給額や賞与額を話したことへの情報管
理上の問題の有無が問われます。

　AはBの好成績を挙げての昇給を喜んでおり、Bにとっても肯定的
な情報であることから、問題はないとAは考えるかもしれません。し
かしながら、昇給・賞与額等の人事評価に関する情報はプライバシー性
が高い情報といえ、AがBに無断でBの昇給や賞与額等を他の社員に
話すことは、Bのプライバシーを侵害する行為となります。

　なお、病歴等の情報もプライバシー性が高い情報ですので、こうした
情報を無断で第三者に話すことはプライバシーを侵害する行為となりま
す。

┌─ **相談事例②** ─────────────────────
　Aは、新しく配属された新入社員Cが1日でも早く職場に馴染むよう、
社内で公開されているイントラネットに掲載されているCの家族構成や
趣味などを他の社員に話した。

相談事例②では、AがCの家族構成や趣味などを甲社で話したことへの情報管理上の問題の有無が問われています。

Cの家族構成や趣味なども、①における昇給や賞与額同様にCのプライバシー性の高い情報といえますが、本件では家族構成や趣味などはC自ら甲社の社内イントラネットで公開しており、社内で話す限りではCも同意していると考えられます。このため、Aの行為は問題がないといえます。

ただし、Aがイントラネットでの掲載範囲を超えた話題に及んでいる場合には、Cが同意していない情報を第三者に漏洩したとして、プライバシー侵害に該当する可能性があることには留意しなければなりません。

相談事例③

　Aは、新入社員Cが関連会社とも早く打ち解けることができるよう、甲社子会社である乙社の従業員に、Cの家族構成や趣味などを伝えた。

相談事例③では、AがCの家族構成や趣味などを乙社の従業員に話したことへの情報管理上の問題の有無が問われています。

この点、Aが話した内容は②と同じであり、乙社は甲社の関連子会社であることから、問題はないと思う方もあるかもしれません。

しかしながら、甲社内のイントラネットにCの家族構成や趣味などが掲載されていても、Cは甲社内部で話す限りでの公開に同意しているに過ぎません。そして、乙社は、関連子会社ではあっても甲社とは別の法人です。個人情報保護法においても、乙社の位置づけはグループ会社であっても「第三者」に該当するとされていますので、乙社の従業員にまでAが話したことは、情報管理上問題があるといわざるをえません。

相談事例④

　Aは部下との親睦を深めるために懇親会に参加したところ、懇親会は大いに盛り上がった。Aはその時の様子を写真で撮影し、SNSにアップした。なお、写真撮影時に嫌がる様子の社員はいなかった。

相談事例④では、Aが懇親会の様子を写真で撮影し、SNSにアップした行為への情報管理上の問題の有無が問われています。

この点、Aが懇親会の様子を写真で撮影する際に嫌がっている様子の社員はいなかったことから、同意があると考えるかもしれません。

しかしながら、被撮影者が同意したのはあくまでもAの写真撮影までであり、SNSにアップすることにまで同意したわけではありません。このため、Aが被撮影者に無断で写真をSNSにアップしたことは、被撮影者の肖像権、プライバシー権侵害にあたるおそれがあります。

①〜④から、個人情報（社内情報）であっても個人情報保護法やプライバシー権、肖像権等の法的保護の対象となり、その取扱いは慎重に行う必要があるということがわかると思います。

また、社内で共有されている個人情報であっても、共有・公開範囲が設定されている場合には、問題となっている行為がその範囲内での利用といえるかを考えなければなりませんし、外形上は個人情報の開示者が共有・公開に同意しているように思われたとしても、実際に同意しているのはどの範囲までなのかということも、慎重に考えなければなりません。

情報管理体制を構築する②

7 個人情報（社外情報）漏洩のリスクを理解する

次に、個人情報の「社外情報」（位置づけは図表8-10を参照）の管理上の留意点について、相談事例を踏まえて検討します。

> **相談事例**
>
> 情報通信業を営む法人X株式会社は、順調に業績を拡大していたが、さらなる売上向上のため、優れた営業マンであるA氏を取締役に迎えた。A氏は、新規インターネットサービスの展開を提案したが、その新サービスのセキュリティについては後回しにしていた。
>
> ところがある日、X社はハッカーYから不正アクセスを受け、顧客情

報（氏名・住所・電話番号・メールアドレスほか）約100万件分と社内の人事情報を漏洩してしまった。Ｘ社の情報漏洩はたちまちSNSでも話題となり、Ｘ社の情報管理体制にも多数の批判が寄せられるようになった。

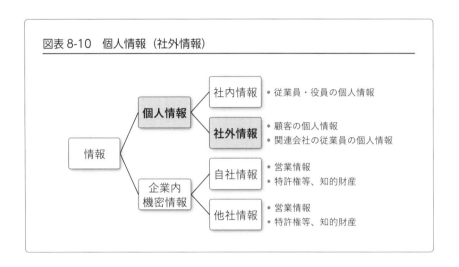

図表8-10　個人情報（社外情報）

本相談事例をもとに、個人情報（社外情報）管理上の留意点について検討すると、個人情報の漏洩によって想定されるＸ社、取締役Ａの責任は以下のように整理できます。

◆ Ｘ社の責任

① 民事責任

Ｘ社は、ハッカーＹから不正アクセス攻撃を受けたとはいえ、顧客から預かっている個人情報を漏洩してしまった以上、顧客から債務不履行責任に基づく損害賠償請求を受けるリスクを負うことになります（民法415条）。

② 行政責任

また、Ｘ社が個人情報を漏洩してしまったことに対し、個人情報保護法違反として、個人情報保護委員会から指導・助言、措置勧告、措置命

令といった行政処分を受けるおそれがあります（個人情報保護法41条、42条）。

③ 刑事責任

X 社が②のような措置命令を受けていながらこれに違反した場合、罰則を受けるおそれがあります（個人情報保護法87条）。なお、同条は両罰規定となっているため、行為当事者のみならず法人も罰金刑に処されます。

④ レピュテーションリスク

情報漏洩事件を機に X 社に SNS 等で多数の批判が寄せられているように、企業としての信用を毀損される、レピュテーションリスクを負うことになります。

◆ 取締役Aの責任

取締役 A の責任は、X 社の取締役としての善管注意義務に基づく損害賠償責任が考えられます。

この点、A が取締役ではなく従業員の場合には、X 社と A との契約関係は雇用契約に過ぎないことから、A は X 社に対し、雇用契約上の職務専念義務を負うにとどまります。そして、故意による情報漏洩であれば別ですが、通常の業務遂行過程で生じた漏洩であれば、A が X 社に対して情報漏洩による損害の全額を賠償するような責任を問われることは通常は考えにくいといえます（報償責任の法理）。

しかしながら、本相談事例での A は取締役であり、X 社との契約関係は委任契約となります。そもそも A はその能力を評価され、取締役として招聘されていることから、X 社の運営に関し、善管注意義務（法人経営に携わる者として、その法人の規模、業種等のもとで通常期待される程度の注意義務）、本件でいえば X 社の情報セキュリティ体制の構築義務を負担することになります。

とはいえ、取締役 A は、情報管理体制の専門家としてではなく、営業能力を評価されて招聘されたという経緯があります。この点、取締役の善管注意義務の判断要素としては、<u>法人の規模や業種</u>、<u>事業内容</u>、<u>役</u>

員の担当業務、専門的知見の有無（専門的知見を評価されて役員に選任されている場合、善管注意義務として要求される水準も高い）等が挙げられます。そして、取締役の善管注意義務違反は、結果責任ではなく、結果発生に至るプロセスの正当性・合理性があるかが評価されるため、本件では、取締役Aがその専門的知見に照らして要求される水準に鑑みて、情報漏洩リスクに見合った適正な情報セキュリティ体制を構築しているかどうかが争点になると考えられます。

　このように、社外情報（個人情報）が漏洩した場合には、社内情報（個人情報）が漏洩した場合とは比較にならないほどの経済的・社会的損失を生じるおそれがあります。
　また、企業自身の故意や過失による漏洩ではなく、第三者の不正アクセスによって個人情報（社外情報）が漏洩した場合であっても、企業には情報漏洩による損害賠償責任や行政責任、刑事責任を負うリスクが生じ、取締役などの役員にも責任が及ぶ可能性があります。
　企業としては、後述する手順を参考にしながら、順次、情報漏洩リスクに備えた管理体制を構築していくことが求められます。

情報管理体制を構築する③
8 企業内機密情報漏洩のリスクを理解する

　残る企業内機密情報（位置づけは図表8-11を参照）の管理上の留意点についても、相談事例を踏まえて検討します。

相談事例

　Aは、電子部品メーカーであるX株式会社に技術職として勤務していたが、その経験を評価され、競合会社であるY社に誘われ、転職した。
　Aは、X社で培った知見を活かし、Y社でより優れた電子製品の開発に成功したが、X社の調査により、AがY社で開発した製品が、X社がA在籍中に企画していた新製品と酷似していることが発覚した。

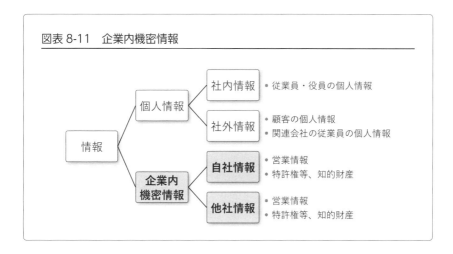

図表 8-11 企業内機密情報

企業情報の漏洩によって想定される A と Y 社の責任は、以下のように整理できます。

◆ Aの責任

① 民事責任

A が、X 社に在籍中に知り得た X 社の営業秘密を流用して Y 社で電子製品の開発をした場合、不正競争防止法上の営業秘密侵害行為に該当し、A は X 社に対し、損害賠償責任を負います。

② 刑事責任

①の場合には、A は不正競争防止法違反を問われるだけでなく、営業秘密侵害罪に該当するとして刑事責任も問われます（同法 21 条）。

③ 労務責任

就業規則等によっては、従業員の行為が重大な懲戒事由に該当する場合に適用される「退職金の支給の減免規定」が設定されていることがあります。

仮に X 社の就業規則に退職金支給の減免規定がある場合、既に A は X 社から退職金を支給されていたとしても、X 社から A に退職金の返還請求がなされるおそれがあります。

◆ Y社の責任

① 民事責任

Y社が、Aの営業秘密の不正持出しを知りながらこれを利用した場合には、Y社も不正競争防止法に抵触し、X社に対して損害賠償責任を負います。

② 刑事責任

不正競争防止法には両罰規定が設けられている（同法22条）ことから、①の場合には、Y社は法人であっても不正競争防止法上の営業秘密侵害罪として刑事責任を問われます。

③ レピュテーションリスク

Y社がAと共謀してX社の営業秘密を流用したことが明らかになれば、Y社は積極的に不正競争防止法違反行為に加担したことになり、社会的信用を毀損するレピュテーションリスクを負うことになります。

◆ 情報流出時の対応

相談事例からも明らかなように、企業内機密情報の流出は企業の存続自体に影響を及ぼすおそれもあるため、その管理は厳重に行わなければなりません。まずは、社内から社外へと不要に情報が漏洩しないような体制を構築する必要がありますが、仮に企業情報が漏洩した場合、早急に以下のような被害拡大防止のための措置を講じることが必要です。

▶事実関係の調査

企業情報の漏洩が発覚した場合には、まずは事実関係の調査に着手します。早急に企業が管理する情報の漏洩範囲と漏洩原因を精査し、さらなる被害拡大の防止と回復措置を検討しなければなりません。

なお、企業情報の漏洩が、元従業員などの特定の人物が原因である場合には、当該従業員の行動も調査する必要があります。

▶さらなる情報流出の防止

　企業情報が従業員から第三者に持ち出された場合には、当該従業員に対する警告書の送付を検討します。第三者への持ち出しが裏付けられた場合には、当該第三者に対しても警告書を送付し、差止請求の要否も検討します。

▶刑事告訴の検討

　企業情報の漏洩が不正競争防止法上の営業秘密侵害罪に該当すると考えられる場合には、持ち出した従業員や流用している第三者への損害賠償請求・差止請求等の民事責任の追及のみならず、刑事責任を追及するための刑事告訴も検討します。

▶再発防止措置の検討・運用

　企業秘密の漏洩の再発を防ぐためには、社内の情報管理体制を構築・改善する必要があります。

　詳細は後述しますが、社内の情報管理規程を整備したり、情報の種類に応じた管理体制を構築するほか、従業員への社内研修の開催も考えられます。

情報管理体制を構築する④

9 情報漏洩時の初動対応を適切に選択するには

　情報漏洩事件はいつ、どのような企業であっても起こりうる類型の事件であり、企業側の故意ではなく、過失や不正アクセスの被害によるものであっても、情報管理責任を問われるおそれがあることは、これまで述べてきたとおりです。

　ここでは、企業に甚大な影響を及ぼすおそれがある情報漏洩リスクが発生した場合の初動対応と、情報漏洩リスクを未然に防ぐための管理体制の構築方針について説明します。

　情報漏洩原因は、図表8-12のように<u>過失型</u>、<u>不正型</u>、<u>被害型</u>に整理することができます。

図表 8-12　情報漏洩原因の分類

類型	漏洩原因分類	具体例
過失型	設定ミス	Web等の設定ミスにより外部から閲覧できる状態
	誤操作	メール・FAX等の送信・送付ミス
	紛失・置き忘れ	外部にPC等の端末の置き忘れ
	管理ミス	引継ぎ時の受渡し漏れ等
	バグ・セキュリティホール	OS等のバグ・セキュリティホールによる外部から閲覧できる状態、漏洩
	目的外使用	関係会社など、開示範囲外の組織への公開
不正型	内部犯罪・内部不正行為	社員が機密情報を不正に持ち出し、売却した
	不正な情報持ち出し	社員や外部業者等が機密情報を持ち出して漏洩した
被害型	不正アクセス	ハッカー等に外部から不正アクセスされて漏洩した
	ワーム・ウィルス	ワームの感染による意図しないメール送信
	盗難	車上荒らし等

　情報管理体制の構築・見直しにあたっては、自社においてどの類型による情報漏洩のリスクが高いのかを見極め、優先順位をつけて着手することが重要です。

　仮に情報漏洩が発生してしまった場合、企業は、迅速に事後的被害拡大防止措置を講じなければなりません。

　もっとも、情報漏洩が発生したことで動転し、誤った事実認識に基づいて情報を公開すれば、企業のレピュテーションリスクをかえって拡大することになるだけでなく、被害拡大の防止も遅れてしまうおそれもあります。

　情報漏洩が発生した場合、企業として講じるべき措置の手順の例として、図表8-13を順を追って紹介します[2]。

2　「個人データの漏えい等の事案が発生した場合等の対応について」（平成29年個人情報保護委員会告示1号）を参照。

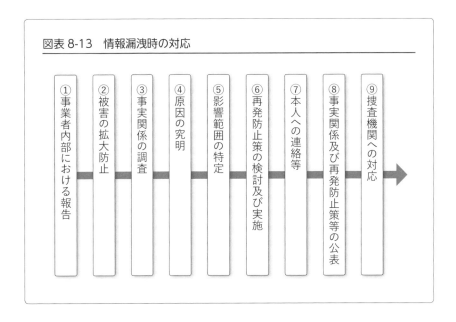

図表 8-13　情報漏洩時の対応

① 事業者内部における報告

② 被害の拡大防止

③ 事実関係の調査

④ 原因の究明

⑤ 影響範囲の特定

⑥ 再発防止策の検討及び実施

⑦ 本人への連絡等

⑧ 事実関係及び再発防止策等の公表

⑨ 捜査機関への対応

(1)事業者内部における報告・被害の拡大防止（図表 8-13 ①②）

情報漏洩が発生・発覚したら、まず責任ある立場の者に直ちに報告するとともに、被害が拡大しないよう必要な措置を講じます。

(2)事実関係の調査・原因の究明（図表 8-13 ③④）

続いて、事実関係の調査と原因の究明に必要な措置を講じます。

(3)影響範囲の特定（図表 8-13 ⑤）

上記(2)で把握した事実関係による影響の範囲を特定します。

(4)再発防止策の検討及び実施（図表 8-13 ⑥）

上記(2)の結果を踏まえ、速やかに再発防止策の検討と、その実施に必要な措置を講じます。

(5)影響を受ける可能性のある本人への連絡等（図表 8-13 ⑦）

事案の内容等に応じて、二次被害の防止、類似事案の発生防止等の観点から、事実関係等について速やかに本人へ連絡するか、あるいは本人が容易に知りうる状態に置きます。

(6)事実関係および再発防止策等の公表（図表 8-13 ⑧）

事案の内容等に応じて、二次被害の防止、類似事案の発生防止等の観

点から、事実関係と再発防止策等について、速やかに公表します。

⑺捜査機関への対応（図表8-13⑨）

漏洩の原因が不正アクセスや不正持出しによる場合には、加害者に対する刑事責任の追及も視野に入れ、捜査機関への被害届や告訴手続を検討します。

情報管理体制を構築する⑤

10 情報の種類ごとの安全管理措置とは？

企業として情報漏洩を未然に防ぎ、再発を防止するためには、どのような情報管理体制が望ましいのでしょうか。ここでは、情報の類型によって法令等で要請されている安全措置を紹介します。

◆ 個人情報

まず、個人情報保護の観点で見ると、個人情報保護委員会の定める「個人情報の保護に関する法律についてのガイドライン（通則編）」（平成28年11月策定・一部改正平成31年1月）[3] が個人情報取扱事業者に対して求める個人情報の管理措置が参考となります。同ガイドラインによると、図表8-14に示すような管理措置体制の構築が考えられます。

また、個人情報保護委員会は、番号利用法に基づき、マイナンバーの保護に関して「特定個人情報の適正な取扱いに関するガイドライン（事業者編）」（平成26年12月11日策定・最終改正平成30年9月28日）[4] を策定し、個人番号を取り扱う事業者（独立行政法人等個人情報保護法（独立行政法人等の保有する個人情報の保護に関する法律）2条1項に規定する独立行政法人等や、地方独立行政法人法2条1項に規定する地方独立行政法人を除く。以下、「事業者」）を対象に、適正な特定個人情

---

[3] https://www.ppc.go.jp/files/pdf/190123_guidelines01.pdf

[4] https://www.ppc.go.jp/files/pdf/my_number_guideline_jigyosha.pdf

図表 8-14　個人情報保護法上の安全管理措置

措置の類型	要求される措置
組織的安全 管理措置	① 組織体制の整備 ② 個人データの取扱いに係る規律に従った運用 ③ 個人データの取扱状況を確認する手段の整備 ④ 漏洩等の事案に対応する体制の整備 ⑤ 取扱状況の把握および安全管理措置の見直し
人的安全 管理措置	① 従業者の教育
物理的安全 管理措置	① 個人データを取り扱う区域の管理 ② 機器及び電子媒体等の盗難等の防止 ③ 電子媒体等を持ち運ぶ場合の漏洩等の防止 ④ 個人データの削除および機器、電子媒体等の廃棄
技術的安全 管理措置	① 情報システムの使用に伴う漏洩等の防止 ② 外部からの不正アクセス等の防止 ③ アクセス者の識別と認証 ④ アクセス制御

報の取扱いのための指針を定めています。同ガイドラインによると、マイナンバーに関しては、図表 8-15 のような情報管理措置体制の構築が考えられます。

◆ 企業内機密情報

　一方で、企業内機密情報に関しては、経済産業省が「営業秘密管理指針」（平成 15 年 1 月 30 日策定・最終改訂平成 31 年 1 月 23 日）[5] において媒体ごとに典型的な秘密管理措置を例示しており、参考になります（図表 8-16）。

5　https://www.meti.go.jp/policy/economy/chizai/chiteki/guideline/h31ts.pdf

図表 8-15　番号利用法上の安全管理措置

措置の類型	ガイドライン上要求される措置
基本方針	① 基本方針の策定（任意）
取扱規程等の策定	① 取扱規程等の策定
組織的安全管理措置	① 組織体制の整備 ② 取扱規程等に基づく運用 ③ 取扱状況を確認する手段の整備 ④ 情報漏洩事案に対応する体制の整備 ⑤ 取扱状況把握及び安全管理措置の見直し
人的安全管理措置	① 事務取扱担当者の監督 ② 事務取扱担当者の教育
物理的安全管理措置	① 特定個人情報等を取り扱う区域の管理 ② 機器及び電子媒体等の盗難等の防止 ③ 電子媒体等を持ち出す場合の漏洩等の防止 ④ 個人番号の削除、機器および電子媒体等の廃棄
技術的安全管理措置	① アクセス制御 ② アクセス者の識別と認証 ③ 外部からの不正アクセス等の防止 ④ 情報漏洩等の防止

図表 8-16　営業秘密の管理（営業秘密管理指針）

媒体の種類	典型的管理方法
紙媒体	① 文書に「マル秘」など秘密であることを表示する ② 施錠可能なキャビネットや金庫等に保管する方法
電子媒体	① 記録媒体へのマル秘表示の貼付 ② 電子ファイル名・フォルダ名へのマル秘の付記 ③ 電子ファイルの電子データ上にマル秘の付記 ④ 電子ファイルそのものまたは当該電子ファイルを含むフォルダの閲覧に要するパスワードの設定 ⑤ 記録媒体を保管するケースや箱に、マル秘表示の貼付
物件に営業秘密が化体している場合	① 扉に「関係者以外立入禁止」の貼り紙を貼る ② 警備員を置いたり、入館IDカードが必要なゲートを設置したりして、工場内への部外者の立ち入りを制限する ③ 写真撮影禁止の貼り紙をする ④ 営業秘密に該当する物件を営業秘密リストとして列挙し、当該リストを営業秘密物件に接触しうる従業員内で閲覧・共有化する
媒体なし	① 営業秘密のカテゴリーをリストにすること ② 営業秘密を具体的に文書等に記載すること

11 実効性のある情報管理体制を構築するには

10 では、個人情報保護、マイナンバー保護、企業情報保護における情報管理体制の考え方を紹介しました。これらの情報管理体制を整理すると、企業が情報管理体制を構築する際に検討すべきは、保護の対象とすべき情報の整理（①）、管理方法の区別（②）、社内規定の整備（③）、従業員の教育・研修（④）、定期的なモニタリング（⑤）となります。

以下、順を追って見ていきましょう。

① 保護の対象とすべき情報の整理

(1) 企業内の情報の整理・特定

情報管理を厳密に行うのであれば、企業が接触・管理するあらゆる情報を厳重に管理することが理想といえますが、企業の業種や企業規模、取扱情報量等によっては、それが現実的ではないこともあるでしょう。企業が情報管理体制を構築する上では、情報管理の安全性と実現可能性のバランスを考慮しなければなりません。

情報管理体制の構築に着手する際には、まずは企業内の情報が物理的にどの場所にあるのか、どの部署がどのような種類の情報を管理しているのか等、情報の内容・種類を整理すること、管理すべき情報の優先順位をつけることから始めるべきでしょう。

(2) 情報の内容・種類に応じたランク分け

(1)が完了したら、ごく一部のものしかアクセスできない「極秘情報」や、関係者しかアクセスできない「関係者外秘」の情報、社内の者しかアクセスできない「社外秘」の情報といったように、情報の内容・種類に応じたランク付けを行い、ランクに応じた管理方法を検討します。

② 管理方法の区別

情報の具体的な管理方法は、**10** で紹介した個人情報保護委員会の各ガイドラインや経済産業省の営業秘密管理指針等が参考となりますが、

情報の重要度に応じて、保管場所、保管媒体、表示方法、アクセス制限、管理責任者の設定、取扱者の範囲、管理責任者・取扱者の権限などの管理方法を検討することになります。

③ 社内規程の整備

また、②と併行して、社内規程の整備も必要です。既に情報管理に関する規則を就業規則に盛り込んでいる企業もあるかと思いますが、情報管理のルールを詳細に設定する必要がある場合には、就業規則とは別に情報管理規程を別途設けることも一案です。

さらに、従業員の入退社時や重要なプロジェクト参加時に、情報を外部に漏らすことがない旨を約する誓約書や秘密保持契約書を締結することも検討の余地があるでしょう。

④ 従業員の教育・研修

社内規程を整備したとしても、企業の情報に接触する従業員の情報の取扱いに対する認識が不足していれば、情報管理体制として十分とはいえません。そこで、情報管理に関する社内規程の周知徹底を図るための従業員を対象にした研修の実施や、社内掲示板等を活用した啓蒙を行う必要があります。

⑤ 定期的なモニタリング

こうした情報管理体制の構築・改善を図ったとしても、即座に効果が発揮できるとは限りません。新たに作成・修正した社内規程に不備があったり、うまく活用できない事態が生じたりすることもあるでしょう。

企業としては、情報管理体制を一度構築（Plan）しただけで取組みを終えるのではなく、実際に運用（Do）した後に、情報管理状況がどのようになっているのかを監査（Check）し、監査結果を踏まえて既存の情報管理体制の不備を修正していく（Act）、というPDCAサイクル（図表8-17）を回し続けることが重要です。

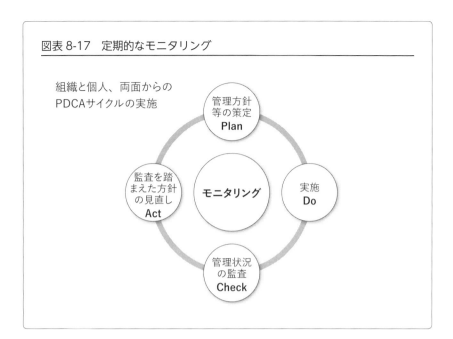

図表 8-17　定期的なモニタリング

組織と個人、両面からの
PDCAサイクルの実施

管理方針
等の策定
Plan

監査を踏
まえた方針
の見直し
Act

モニタリング

実施
Do

管理状況
の監査
Check

索　引

【著者プロフィール】

長瀬 佑志（ながせ・ゆうし）

弁護士（61期）、弁護士法人長瀬総合法律事務所代表。2006年東京大学法学部卒。2006年司法試験合格。2008年西村あさひ法律事務所入所。2009年水戸翔合同法律事務所入所。2013年長瀬総合法律事務所設立。中小企業を中心に多数の顧問に就任し、会社法関係、法人設立、労働問題、債権回収等、企業法務案件を多数経験している。

共著として、『新版　若手弁護士のための初動対応の実務』『現役法務と顧問弁護士が実践している　ビジネス契約書の読み方・書き方・直し方』（日本能率協会マネジメントセンター、2017年）などがある。

斉藤 雄祐（さいとう・ゆうすけ）

弁護士（71期）。明治学院大学法学部卒業（3年次早期卒業）、2016年中央大学法科大学院卒業、行政書士開業を経て弁護士法人長瀬総合法律事務所入所。

労務管理、危機管理・クレーム対応、情報管理を主に担当するほか、企業向け労務管理研修・情報管理研修等、社内教育を担当している。

コンプライアンス実務ハンドブック

2020年6月20日　初版第1刷発行

著　　者——長瀬 佑志・斉藤 雄祐
　　　　　　©2020 Yushi Nagase, Yusuke Saito
発行者——張 士洛
発行所——日本能率協会マネジメントセンター
〒103-6009 東京都中央区日本橋2-7-1　東京日本橋タワー
TEL 03(6362)4339（編集）／03(6362)4558（販売）
FAX 03(3272)8128（編集）／03(3272)8127（販売）
http://www.jmam.co.jp/

装　　　丁——IZUMIYA（岩泉卓屋）
本文DTP——株式会社森の印刷屋
印　刷　所——シナノ書籍印刷株式会社
製　本　所——ナショナル製本協同組合

ISBN978-4-8207-2825-2 C2034
落丁・乱丁はおとりかえします。
PRINTED IN JAPAN

現役法務と顧問弁護士が書いた 契約実務ハンドブック

長瀬 佑志・長瀬 威志 著

A5 判 376 頁

現役法務と顧問弁護士それぞれの立場から、契約締結交渉〜紛争発生の時系列に沿って整理。企業法務のための契約実務の手引き。

日本能率協会マネジメントセンター

現役法務と顧問弁護士が実践している
ビジネス契約書の読み方・書き方・直し方

長瀬 佑志・長瀬 威志・母壁 明日香 著

A5 判 520 頁

民法改正に対応した契約実務の実践ノウハウ。読者特典として契約書式ダウンロードサービス付き。若手法務部員の必携マニュアル。

日本能率協会マネジメントセンター

新版 若手弁護士のための
初動対応の実務

長瀬 佑志・長瀬 威志・母壁 明日香 著

A5 判 504 頁

クライアントからの急な依頼や、初めて遭遇するケース…。
「そもそも最初に何をすればよいの?」そんな疑問に応える常備書。

日本能率協会マネジメントセンター